TopSpeed Modula-2

griffbereit

ANTON LIEBETRAU

SPRINGER FACHMEDIEN
WIESBADEN GMBH

Inhaltsverzeichnis

Der Verlag Vieweg ist ein Unternehmen der Verlagsgruppe Bertelsmann International.

Ursprünglich erschienen bei Friedr. Vieweg & Sohn Verlagsgesellschaft mbH, Braunschweig 1990

Umschlaggestaltung: Ludwig Markgraf, Wiesbaden

ISBN 978-3-528-04760-3 ISBN 978-3-322-89471-7 (eBook)
DOI 10.1007/978-3-322-89471-7

Schlüssel für das Arbeiten mit TopSpeed Modula-2

Lexikalischer Teil

Seit TopSpeed Modula-2 auf dem Software-Markt erhältlich ist, hat die moderne Programmiersprache Modula-2 sichtlich unter den Software-Entwicklern an Beliebtheit gewonnen. Dazu beigetragen haben die komfortable Entwicklungsumgebung, die ausgezeichneten Bibliotheks-Moduln (Prozeß-Verwaltung, Fenstertechnik ...), der schnelle Compiler, der intelligente Linker, der kompakte und optimierte Programmcode und nicht zuletzt der günstige Preis des gesamten Entwicklungs-Systems.

Diese Broschüre enthält zu allen wichtigen Begriffen von TopSpeed Modula-2 (Version 1.xx) eine prägnante Beschreibung mit Querverweisen (insgesamt sind es weit mehr als 300 Begriffe). Kurze Beispielsprogramme oder Programm-Fragmente verdeutlichen gewisse Aspekte der einzelnen Begriffe.
Bei allen hier aufgeführten Begriffen wird angegeben, welchen Moduln sie zuzuordnen sind. Fehlt diese Angabe oder weicht sie einer allgemeinen Beschreibung (z.B. *Operator* oder *Datentyp*), braucht der Begriff nicht importiert zu werden.
Alle mit einem Assembler geschriebenen Routinen sind im Modul *AsmLib* zusammengefaßt. Sie sollten nur dann direkt importiert werden, wenn sie in keinem anderen Modul (*Lib* oder *Str*) enthalten sind (denn *Str.Append* ist lesbarer und aufschlußreicher als *AsmLib.Append*).
Aus Platzgründen wird auf die Beschreibung der Standard-Moduln *ASCII*, *InOut*, *RealInOut*, *Strings* und *Terminal* verzichtet. Die darin enthaltenen Routinen sind jedoch leicht zu verstehen, außerdem werden sie durch weit verbesserte Routinen der hier beschriebenen Moduln ersetzt.

Spezielle Zeichen

+	Addition, Mengenvereinigung, String-Verkettung (siehe *Str*)
-	Subtraktion, Vorzeichen, Mengendifferenz
*	Multiplikation, Mengendurchschnitt
/	Division, symmetrische Mengendifferenz
<<	Bitweises Verschieben nach links (z.B. *c:=c<<1;* entspricht einer Multiplikation mit 2)
>>	Bitweises Verschieben nach rechts (z.B. *c:=c>>3;* entspricht einer Division durch 8 (2 "hoch" 3))

=	Gleich
<>	Ungleich (auch #)
#	Ungleich (auch <>)
<	Kleiner als
<=	Kleiner oder gleich
>	Größer als
>=	Größer oder gleich
&	Logischer Operator UND (entspricht *AND*)
~	Logischer Operator NICHT (entspricht *NOT*)

()	Runde Klammern (Mathematik)
[]	Index- und Teilbereichsklammern
{}	Mengen-Klammern

(* Beginn eines Kommentars
*) Ende eines Kommentars

:= Wertzuweisung
^ Inhalt von Zeigervariablen
. Dezimalpunkt bei reellen Zahlen
.. Bereichs-Symbol
| Trennstrich (bei CASE)
' Umschließt eine Zeichenkette, die alle Zeichen außer ' enthalten kann
" Umschließt eine Zeichenkette, die alle Zeichen außer " enthalten kann

B Kennzeichnet eine oktale Zahl (z.B. *123B*)
C Kennzeichnet ein Zeichen (siehe *CHAR*)
H Kennzeichnet eine hexadezimale Zahl (das erste Zeichen muß immer eine Ziffer im Bereich 0..9 sein, also *0FFH* und nicht *FFH*)

ABS

Standard-Funktion

Abs(x):wie_argument;

Berechnet den absoluten Betrag des Argumentes *x* (numerischer Typ, siehe *TYPE*), d.h. multipliziert ein negatives Argument mit -1.

ACos

MATHLIB

ACos(x:LONGREAL):LONGREAL;

Berechnet den Arcuscosinus des Argumentes *x* (Wertebereich für *x*: *-1 <= x <= 1*; Wertebereich des Ergebnisses *y*: *0 <= y <= Pi*). Das Funktionsergebnis *y* entspricht einem Winkel im Bogenmaß.

ActivePage

AsmLib

ActivePage():SHORTCARD;

Ermittelt die aktive Textbildschirm-Seite (die Seite 0 entspricht dem Standard). Siehe auch *SetVideoPage*.

AddAddr

Lib, AsmLib

AddAddr(a:ADDRESS; inc:CARDINAL):ADDRESS;

Addiert den Wert *inc* zur Adresse *a* und gibt die neue, höhere Adresse zurück.

ADDRESS

Datentyp

Allgemeiner Adreß-Typ, der zu allen Zeigertypen (siehe *POINTER*) kompatibel ist. *ADDRESS* bezeichnet eine Speicherstelle (bestehend aus Segment und Offset) und ist wie folgt definiert:

```
TYPE
  ADDRESS=POINTER TO WORD;
```

Eine Speicheradresse kann mit den beiden Prozeduren *DecAddr* und *IncAddr* verkleinert bzw. vergrößert werden (siehe auch *AddAddr* und *SubAddr*).
In TopSpeed Modula-2 ist es möglich, absolute Zeigerwerte zu generieren:

```
CONST
  scrseg=0B800H;
TYPE
  scr=ARRAY [1..25],[1..80],[1..2] OF BYTE;
VAR
  crt:POINTER TO scr;
BEGIN
  crt:=[scrseg:0];  (* ordnet Zeigerwert zu *)
```

ADR

Standard-Funktion

ADR(bezeichner):ADDRESS;

Gibt die Speicher-Adresse von *bezeichner* zurück; *bezeichner* kann z.B. eine Variable, Konstante, Prozedur oder Funktion sein (siehe auch *Ofs* und *Seg*).

ALLOCATE

Storage

ALLOCATE(VAR p:ADDRESS; groesse:CARDINAL);

Reserviert auf dem Standard-Heap (siehe *MakeHeap*) einen Speicherblock von der Größe *groesse* (in Bytes; siehe auch *HeapAllocate*). Nach *ALLOCATE* zeigt *p* auf den reservierten Block. Wenn der Standard-Heap bereits voll ist, erscheint eine Fehlermeldung (*'Heap overflow'*).

```
VAR
  puffer:ADDRESS;
BEGIN
  IF Storage.Available(4096) THEN  (* genügend Speicher? *)
    ALLOCATE(puffer,4096)          (* 4 KBytes           *)
  END;
```

AND (&)

Operator

Verknüpft zwei *BOOLEAN*-Werte miteinander (logisches UND) und liefert einen Wert aufgrund der vordefinierten Logiktabelle:

o1	o2	o1 AND o2
TRUE	TRUE	TRUE
TRUE	FALSE	FALSE
FALSE	TRUE	FALSE
FALSE	FALSE	FALSE

AND (oder *&*) wird meist bei Verknüpfungen von Tests verwendet (z.B. *IF (a=b) AND (b=c) THEN* ...).
Ein arithmetisches UND (bitweises Verknüpfen, wobei *1=TRUE* und *0=FALSE*) kann mit Hilfe des Typs *BITSET* erreicht werden (siehe auch *SET OF*):

```
PROCEDURE bitAND(a,b:WORD):WORD;
BEGIN
  RETURN BITSET(a)*BITSET(b)
END bitAND;
```

Append

FIO

Append(Name:ARRAY OF CHAR):File;

Öffnet die Datei *name* und stellt den Datei-Zeiger an das Ende der Datei. Als Funktionsergebnis wird ein Zahlenwert (Kanalnummer) zurückgegeben, der bei weiteren Datei-Routinen angegeben werden muß (falls *FIO.IOcheck* den Wert *FALSE* enthält, wird bei einem Fehler der Wert *MAX(CARDINAL)* zurückgegeben; siehe auch *IOresult*). Der Typ *File* ist im Modul *FIO* wie folgt definiert:

```
File=CARDINAL;
```

Eine Datei kann auch mit *FIO.Open* geöffnet werden.

Append

Str, AsmLib

Append(VAR hpt:ARRAY OF CHAR; teil:ARRAY OF CHAR);

Hängt die Zeichenkette *teil* an *hpt* an; *hpt* wird nur dann erweitert, wenn er noch Zeichen aufnehmen kann (Gesamtlänge von *hpt* kann nicht überschritten werden).

```
VAR
  s:ARRAY [0..255] OF CHAR;
BEGIN
  s:='Such-';
  Str.Append(s,'Algorithmus');
  IO.WrStr(s);  (* Ausgabe: 'Such-Algorithmus' *)
```

ARRAY

Reserviertes Wort

Mit diesem reservierten Wort wird ein Feld definiert, das aus gleichartigen Komponenten besteht (beliebiger Datentyp). Die einzelnen Komponenten werden mit Hilfe eines Index (vom Typ *CHAR*, *BOOLEAN*, *CARDINAL* oder *INTEGER*; auch Aufzähl- und Unterbereichs-Typen) angesprochen.

```
TYPE
  wer=(hans,fritz,klara,paula,ich);
  akte=RECORD
    name:ARRAY [0..20] OF CHAR;
    suenden:CARDINAL
  END;
  brett=ARRAY [1..8] OF ARRAY [1..8] OF INTEGER;
  spiel=ARRAY [1..8],[1..8] OF INTEGER;
VAR
  schulklasse:ARRAY [hans..paula] OF akte;
  buchstaben:ARRAY CHAR OF LONGCARD;
  screen:POINTER TO ARRAY [0..24],[0..79],[0..1] OF BYTE;
```

Die oben aufgeführten Typen *brett* und *spiel* sind identisch und bezeichnen je ein zweidimensionales Feld (*screen* ist sogar dreidimensional).

Zeichenketten (auch *Strings* genannt) werden mit Hilfe eines Arrays wie folgt definiert:

```
CONST
  lang=10;
VAR
  string:ARRAY [0..lang] OF CHAR;
BEGIN
  string:='Hallo!';  (* siehe auch Modul <Str> *)
```

In der Variablen *string* sind nun 6 Zeichen enthalten (*string[0]..string[5]*), die mit *CHR(0)* abgeschlossen werden (*string[6]*). Die verbleibenden Zeichen (*string[7].. string[10]*) sind unbelegt. Die Konstante *lang* gibt die maximale Länge der Zeichenkette bekannt, die in *string* gespeichert werden kann.

ASin

MATHLIB

ASin(x:LONGREAL):LONGREAL;

Berechnet den Arcussinus des Argumentes *x* (Wertebereich für *x*: *-1 <= x <= 1*; Wertebereich des Ergebnisses *y*: *-Pi/2 <= y <= Pi/2*). Das Funktionsergebnis *y* stellt einen Winkel im Bogenmaß dar.

AsmLib

Modul

Enthält Routinen, die von den Moduln *Lib* und *Str* verwendet werden; sie alle sind mit einem Assembler geschrieben worden. Die unten aufgeführten Routinen sind nur im Modul *AsmLib* enthalten.

Bildschirmsteuerung:

```
ActivePage, BufferToScreen, BufferWrite, InitScreenType,
PalXlat, ScreenToBuffer, SetVideoPage
```

Sonstige Routinen:

```
CompareStr, DosExec, GetInProgramFlag, SetInProgramFlag,
Speaker
```

Vordefinierte Datentypen:

```
TYPE
  LongLabel =ARRAY [0..3] OF CARDINAL;
  CommandType=POINTER TO ARRAY [0..126] OF CHAR;
```

Vordefinierte Variablen:

```
VAR
  PSP        :CARDINAL;      (* Programmsegment-Präfix      *)
  CommandLine:CommandType;   (* Parameter beim Programmstart *)
```

AssignBuffer

FIO

AssignBuffer(f:File; VAR pu:ARRAY OF BYTE);

Ordnet der Datei mit der Nummer *f* den Datenpuffer *pu* zu. Die schnellsten Dateizugriffe erhalten Sie mit einer Puffergröße, berechnet nach folgender Formel:

```
Puffer:=n*512+FIO.BufferOverhead;  (* wobei n>1 *)
```

Folgendes Programmfragment erzeugt einen günstigen Datenpuffer:

```
VAR
  p1:ARRAY [1..4*512+FIO.BufferOverhead] OF BYTE;
  f1:File;
BEGIN
  f1:=FIO.Create('C:LIES.DAS');
  FIO.AssignBuffer(f1,p1);
```

At

Window

At(x,y:AbsCoord):WinType;

Sucht dasjenige Fenster, in dem der absolute Punkt *(x,y)* liegt; als Funktions-Ergebnis wird die Referenz des Fensters zurückgegeben. Ist diese *NIL*, bezeichnet *(x,y)* einen Punkt außerhalb aller Fenster (Grundfenster). Die Datentypen werden bei *Window* aufgeführt.

ATan

MATHLIB

ATan(x:LONGREAL):LONGREAL;

Berechnet den Arcustangens des Argumentes *x* (Wertebereich für *x*: *beliebig*; Wertebereich des Ergebnisses *y*: $-Pi/2 < y < Pi/2$). Das Funktionsergebnis *y* entspricht einem Winkel im Bogenmaß.

ATan2

MATHLIB

ATan2(x,y:LONGREAL):LONGREAL;

Berechnet den Arcustangens von *y/x* (Wertebereich für *y/x*: *beliebig*, wobei *x<>0*; Wertebereich des Ergebnisses

z: $-Pi/2 < z < Pi/2$). Das Funktionsergebnis z entspricht einem Winkel im Bogenmaß.

Available

Storage

Available(groesse:CARDINAL):BOOLEAN;

Prüft, ob auf dem Haupt-Heap noch ein Speicherblock von der Größe *groesse* (Bytes) Platz findet (siehe auch *HeapAvail*).

Awaited

Process

Awaited(s:SIGNAL):BOOLEAN;

Liefert den Wert TRUE, wenn mindestens ein Prozeß (siehe *StartProcess* und *SEND*) auf das Signal *s* wartet. Der Datentyp *SIGNAL* ist als undurchsichtiger Typ im Modul *Process* definiert (siehe *DEFINITION*).

BcdToLong

MATHLIB

BcdToLong(x:PackedBcd):LONGREAL;

Wandelt den Parameter *x* vom Typ *PackedBcd* in einen *LONGREAL*-Wert um. *PackedBcd* ist wie folgt im Modul *MATHLIB* definiert:

```
PackedBcd=ARRAY [0..9] OF SHORTCARD;
```

Umkehrfunktion von *LongToBcd* (diese beiden Funktionen können dazu verwendet werden, um die Dezimalstellen einer *LONGREAL*-Zahl zu entfernen).

BEGIN

Reserviertes Wort

Das reservierte Wort *BEGIN* schließt innerhalb eines Moduls oder einer Prozedur den Deklarations-Teil ab und markiert diejenige Stelle, bei der der eigentliche Programm-Code beginnt.

```
PROCEDURE beep(anz:CARDINAL);
VAR
  i:CARDINAL;
BEGIN
  FOR i:=1 TO anz DO IO.WrChar(7C) END
END beep;
```

BITSET

Datentyp

Eine Variable dieses Mengen-Typs (siehe auch *SET OF*) kann 16 Elemente (Bereich 0..15) aufnehmen, wobei jedes Element einem einzelnen Bit entspricht. Der Datentyp *BITSET* belegt 2 Bytes Speicherplatz und wird oft zur Bitmanipulation verwendet.

```
VAR
  a,b,c:CARDINAL;
BEGIN
  a:=1234;
  b:=2345;
  INCL(BITSET(a),0);                (* setzt das 0. Bit    *)
  EXCL(BITSET(b),2);                (* löscht das 2. Bit   *)
  c:=CARDINAL(BITSET(a)*BITSET(b)); (* arithmetisches AND *)
```

BOOLEAN

Datentyp

Eine Variable dieses Typs kann nur die beiden Wahrheitswerte *TRUE* (wahr) und *FALSE* (falsch) aufnehmen. Das Ergebnis eines Vergleiches ist genauso vom Typ *BOOLEAN*.

```
VAR
  gleich:BOOLEAN;
  a,b:INTEGER;
BEGIN
  gleich:=(a=b);
```

BufferToScreen

AsmLib

BufferToScreen(x,y:CARDINAL; pu:ADDRESS; len:CARDINAL);

Schreibt den Inhalt des Puffers *pu* ab der Stelle *(x,y)* in den Bildschirm. Insgesamt werden *len* Worte des Puffers geschrieben (ein Wort entspricht 2 Bytes; jedes Wort entspricht einem Bildschirmzeichen, das aus ASCII-Code und Farb-Attribut besteht); der Punkt *(0,0)* entspricht der linken oberen Bildschirmecke (siehe auch *ScreenToBuffer* und *BufferWrite*). Bildschirmstörungen können mit *InitScreenType* verhindert werden.

```
VAR
  pu:ARRAY [0..24],[0..79] OF WORD;
BEGIN
  ScreenToBuffer(0,0,ADR(pu),2000);
  Window.Clear;
  BufferToScreen(0,0,ADR(pu),2000);
```

BufferWrite

AsmLib

BufferWrite(pu:ADDRESS; str:ADDRESS; len:CARDINAL; attr:CARDINAL);

Fügt die Zeichenkette *str* (die *len* Bytes umfaßt) in den Puffer *pu* ein. Der Pufferinhalt kann mit *BufferToScreen* in den Bildschirm geschrieben werden. Jedes Zeichen innerhalb des Puffers erhält das Farbattribut *attr* zugeordnet (denn jedes Bildschirmzeichen besteht aus ASCII-Code und Farbattribut).

```
VAR
  scr:ARRAY [0..24],[0..79] OF WORD;
  z:ARRAY [0..255] OF CHAR;
  i:INTEGER;
BEGIN
  z:='TopSpeed M2 kann alles!';
  FOR i:=1 TO 2000 DO IO.WrChar('.') END;
  ScreenToBuffer(0,0,ADR(scr),2000);
  BufferWrite(ADR(scr[4,0]),ADR(z),Str.Length(z),112);
  BufferToScreen(0,0,ADR(scr),2000);
```

BYTE

Datentyp

Einer Variablen dieses Universal-Typs kann eine beliebige andere Variable zugeordnet werden, die ein einziges Byte (8 Bit) umfaßt (*CHAR*, *BOOLEAN*, *SHORTINT*, *SHORTCARD*).

```
VAR
  c:CHAR;
  s:SHORTCARD;
  b:BYTE;
BEGIN
  c:='T'; b:=c; s:=b; (* oder s:=SHORTCARD(c); *)
```

Wird der Datentyp *BYTE* im Zusammenhang mit einem offenen Array verwendet, kann diesem Parameter jeder Datentyp übergeben werden (siehe hierzu *HIGH*).

CAP

Standard-Funktion

CAP(ch:CHAR):CHAR;

Wandelt das Zeichen *ch* in einen entsprechenden Großbuchstaben um. Deutsche Umlaute und das 'ß' bleiben unverändert.

```
ch:=CAP('a');  (* ch='A' *)
ch:=CAP('ü');  (* ch='ü' *)
ch:=CAP('1');  (* ch='1' *)
```

Caps

Str, AsmLib

Caps(VAR s:ARRAY OF CHAR);

Wandelt die Zeichenkette *s* in Großbuchstaben um. Deutsche Umlaute und das 'ß' werden dabei nicht beachtet.

```
VAR
  s:ARRAY [0..255] OF CHAR;
BEGIN
  s:='Händ Sie scho dä Pfnüsel kha?';
  Str.Caps(s);
  IO.WrStr(s);  (* Ausgabe: HäND SIE SCHO Dä PFNüSEL KHA?' *)
```

CARDINAL

Datentyp

Einer Variablen dieses Typs können ganzzahlige Werte im Bereich 0..65'535 (0..0FFFFH) zugeordnet werden (16-Bit-Variable).

CardToStr

Str

CardToStr(x:LONGCARD; VAR s:ARRAY OF CHAR; ba:CARDINAL; VAR ok:BOOLEAN);

Wandelt den Zahlenwert *x* in die Zeichenkette *s* um unter Verwendung der Basis *ba* (Bereich: 2..16). Falls *s* zu wenig Zeichen aufnehmen kann, enthält *ok* nach der Prozedur-Ausführung den Wert *FALSE.*

```
VAR
  s:ARRAY [0..10] OF CHAR;
  ok:BOOLEAN;
BEGIN
  Str.CardToStr(12,s,2,ok);    (* s='1100' *)
  Str.CardToStr(255,s,16,ok);  (* s='FF'   *)
```

CASE . OF

Reserviertes Wort

Ermöglicht die Auswahl unter mehreren Möglichkeiten (Selektion). Die *CASE*-Anweisung besteht aus einem Sortierer (Variable vom Typ *CHAR*, *BOOLEAN*, *INTEGER* oder *CARDINAL*; auch Aufzähl- oder Unterbereichs-Typ) und einer Liste von Anweisungen (oder Anweisungsblökken), denen jeweils ein Label vom Typ des Sortierers vorausgeht. Die einzelnen Anweisungsblöcke werden mit Hilfe des Zeichens | (ASCII-Code 124) voneinander getrennt. Der optionale *ELSE*-Zweig wird dann ausgeführt, wenn kein Label zum aktuellen Wert des Sortierers paßt.

```
VAR
  ch:CHAR;
BEGIN
  ch:=IO.RdKey();
  CASE ch OF
    'a','A':
      IO.WrStr('Buchstabe <A>')
  | 'B':
      IO.WrStr('Großbuchstabe <B>')
  | CHR(27):
      IO.WrStr('<ESC>-Taste'); IO.WrLn;
      IO.WrStr('Gehört zu den Sonderzeichen ...')
  | 'b'..'z':
      IO.WrStr('Kleiner Buchstabe')
  ELSE
    IO.WrStr('Nichts gefunden ...'); IO.WrLn;
    IO.WrStr('Vielleicht das nächste Mal?')
  END;
  IO.WrLn;
```

Change

Window

Change(w:WinType; x1,y1,x2,y2:AbsCoord);

Verändert die Lage und/oder die Größe des Fensters *w* (*(0,0)* entspricht der linken oberen Bildschirmecke; Datentypen siehe *Window*).

CHAR

Datentyp

Eine Variable dieses Typs kann ein einzelnes Zeichen aufnehmen. Der IBM-Zeichensatz umfaßt 256 Zeichen (ASCII-Codes im Bereich 0..255), wobei die ersten 32 (ASCII-Codes 0..31) als Steuerzeichen verwendet werden. Ein Zeichen wird von Hochkommas umschlossen (' oder ") oder als oktaler Wert geschrieben, dem der Großbuchstabe C folgt.

```
VAR
  ch:CHAR;
BEGIN
  ch:='A';
  ch:="Z";
  ch:=7C;       (* Glocke           *)
  ch:=CHR(27);  (* Steuerzeichen ESC *)
```

CHARSET

IO, Str

TYPE CHARSET=SET OF CHAR;

Eine Variable dieses Mengen-Typs kann alle Zeichen des IBM-Zeichensatzes aufnehmen (siehe auch *SET OF*).

ChDir

FIO

ChDir(name:ARRAY OF CHAR);

Aktiviert das Directory mit dem Namen *name*. Falls die Variable *FIO.IOcheck* den Wert *TRUE* enthält, wird ein I/O-Fehler erzeugt, wenn *name* nicht existiert oder ungültig ist (siehe hierzu *IOresult*).

```
ChDir('C:\WORD\LEX');  (* Directory aktivieren      *)
ChDir('..');           (* C:\WORD wieder aktiv      *)
ChDir('A:');           (* Laufwerk A: voreinstellen *)
```

Check

ProcTrace

Check(s:ARRAY OF CHAR);

Prüft, ob sich der Inhalt einer 16-Bit-Variablen (*INTEGER*, *CARDINAL*, *BITSET*, *WORD*) verändert hat und gibt die Zeichenkette *s* aus, wenn dies zutrifft (weitere Informationen bei *Monitor*).

CHR

Standard-Funktion

CHR(x:CARDINAL):CHAR;

Gibt das dem Parameter *x* (= ASCII-Code) entsprechende Zeichen zurück.

```
ch:=CHR(65);  (* ch='A'   *)
ch:=CHR(27);  (* ch=<ESC> *)
```

Circle

Graph

Circle(x,y,r,c:CARDINAL);

Zeichnet einen Kreis mit dem Radius *r* und der Farbe *c* (Bereich für *c*: *0..(Graph.NumColor-1)*); *(x,y)* bezeichnet den Kreismittelpunkt (die gültigen Bereiche werden bei *Init<karte>* aufgeführt).

Clear

Window

Clear;

Löscht das aktive Fenster (siehe *Used*) und setzt den Cursor in die linke obere Fenster-Ecke (Punkt *(1,1)*).

ClearExceptions

MATHLIB

ClearExceptions();

Initialisiert die Register des mathematischen Coprozessors (setzt die 8087-Register *tag*, *status* und *control*).

Close

FIO

Close(f:File);

Schließt die Datei mit der Nummer *f*, nachdem der Datenpuffer-Inhalt (falls vorhanden, siehe *AssignBuffer*) auf den Datenträger geschrieben worden ist.

Close

Window

Close(VAR w:WinType);

Schließt das Fenster *w* (siehe auch *Window.Open*). Mit *Used* kann das nun aktive Ausgabe-Fenster ermittelt werden.

ClrEol
Window

ClrEol;

Löscht alle Zeichen von der aktuellen Cursor-Position bis zum rechten Fensterrand.

CommandLine
Lib, AsmLib

VAR CommandLine:CommandType;

Enthält alle Parameter, die beim Programmstart übergeben worden sind (siehe auch *ParamCount* und *ParamStr*). Der Datentyp *CommandType* ist wie folgt definiert:

```
TYPE
  CommandType=POINTER TO ARRAY [0..126] OF CHAR;
```

Compare
Lib, AsmLib

Compare(a,b:ADDRESS; anz:CARDINAL):CARDINAL;

Vergleicht zwei Speicherblöcke, die bei den Adressen *a* und *b* beginnen, Byte für Byte miteinander (insgesamt *anz* Bytes). Als Funktions-Ergebnis wird die Nummer der ersten ungleichen Stelle oder *anz* (wenn beide Blöcke gleich) zurückgegeben. Dem ersten Byte ist die Nummer 0 zugeordnet.

```
pos:=Compare(ADR('Meyer'),ADR('Meier'),5);  (* pos=2 *)
```

Compare
Str

Compare(s1,s2:ARRAY OF CHAR):INTEGER;

Vergleicht die beiden Zeichenketten *s1* und *s2* miteinander und liefert folgende Funktionsergebnisse:

```
-1: s1 < s2
 0: s1 = s2
 1: s1 > s2
```

Bitte beachten Sie, daß für den Vergleich die ASCII-Codes der einzelnen Zeichen verwendet werden; deshalb sind folgende Vergleiche wahr:

```
'Apfel' < 'Zitrone'
'apfel' > 'Zitrone'
```

CompareStr
AsmLib

CompareStr(s1,s2:ARRAY OF CHAR):INTEGER;

Entspricht der Funktion *Str.Compare* (siehe dort).

Concat
Str, AsmLib

Concat(VAR hpt:ARRAY OF CHAR; t1,t2:ARRAY OF CHAR);

Fügt die beiden Zeichenketten *t1* und *t2* zusammen und stellt die neue Zeichenkette mit Hilfe von *hpt* zur Verfügung. Wenn *t1* und *t2* eine für *hpt* zu lange Zeichenkette erzeugen, werden die überzähligen Zeichen ignoriert.

CONST

Reserviertes Wort

Ermöglicht das Definieren von Konstanten (d.h. einem festen Wert wird ein Name zugeordnet):

```
CONST
  LRand=5;
  RRand=65;
  Mitte=(LRand+RRand) DIV 2;
  Copyright='(c) 1989 by Pepe Roni';
  klingel=CHR(7);
  Pi=LONGREAL(3.141592654);
```

In TopSpeed Modula-2 ist es außerdem möglich, konstante Arrays und Records zu definieren (Aggregate genannt, siehe auch Compiler-Befehl H):

```
TYPE
  kunde=RECORD
    name:ARRAY [0..20] OF CHAR;
    guthaben:LONGINT
  END;
  tab=ARRAY [2..5] OF REAL;
CONST
  letzter=kunde('Zwirschina',-1000);
  SinTab=tab(0.0349,0.0523,0.0698,0.8716);
```

Im *CONST*-Anweisungsteil können bereits definierte Variablen oder Datentypen mit Hilfe der Zeichenfolge ::= einen neuen Namen erhalten ("Alias-Deklaration"):

```
TYPE
  alttyp=RECORD x,y:CARDINAL END;
VAR
  a:INTEGER;
CONST
  b::=a;
  neutyp::=alttyp;
```

ConvertCoords

Window

**ConvertCoords(w:WinType; xr,yr:RelCoord;
VAR xa,ya:AbsCoord);**

Konvertiert die relativen Koordinaten des Punktes *(xr,yr)* (bezüglich Fenster *w*) in die absoluten Koordinaten *(xa, ya)* (bezüglich Bildschirm). Die verwendeten Datentypen werden bei *Window* aufgeführt (der absolute Punkt *(0,0)* entspricht der linken oberen Bildschirmecke).

Copy

Str, AsmLib

Copy(VAR erg:ARRAY OF CHAR; s:ARRAY OF CHAR);

Übergibt der Zeichenkette *erg* die Zeichenkette *s*. Wenn *s* für *erg* zu lang ist, werden die überzähligen Zeichen ignoriert (*erg:=s;* nicht möglich, deshalb diese Prozedur).

Cos

MATHLIB

Cos(x:LONGREAL):LONGREAL;

Berechnet den Cosinus des Winkels *x* (Wertebereich für *x*: *beliebig*; Wertebereich des Ergebnisses *y*: *-1 <= y <= 1*). Das Argument *x* entspricht einem Winkel im Bogenmaß.

CosH

MATHLIB

CosH(x:LONGREAL):LONGREAL;

Berechnet den hyperbolischen Cosinus des Argumentes *x* (Wertebereich für *x*: *beliebig*; Wertebereich des Ergebnisses *y*: *1 <= y < unendlich*). Der Graph der Funktion *y:= CosH(x);* wird auch als "Kettenlinie" bezeichnet.

Create

FIO

Create(name:ARRAY OF CHAR):File;

Erzeugt die Datei *name* und ordnet dieser einen Zahlenwert (Kanalnummer) zu. Dieser wird als Funktionsergebnis zurückgegeben und muß bei weiteren Datei-Routinen angegeben werden (falls *FIO.IOcheck* den Wert FALSE enthält, wird bei einem Fehler der Wert *MAX(CARDINAL)* zurückgegeben; siehe auch *IOresult*). Der Typ *File* ist im Modul *FIO* wie folgt definiert:

```
File=CARDINAL;
```

Eine Datei, die bereits existiert, kann mit *FIO.Open* geöffnet werden.

CurrentPriority

SYSTEM

CurrentPriority():CARDINAL;

Ermittelt die aktuelle Priorität eines Moduls. Der gelieferte Funktionswert von *CurrentPriority* ist als Bitmuster zu interpretieren (8-Bit-Wert für PC, 16-Bit-Wert für AT); jedes gesetzte Bit schaltet einen bestimmten Interrupt aus (weitere Informationen bei *MODULE*).

CurrentProcess

SYSTEM

CurrentProcess():ADDRESS;

Gibt einen Referenz-Zeigerwert des momentan laufenden Prozesses zurück. Ein neuer Prozeß kann mit *NEWPROCESS* erzeugt werden.

CursorOff

Window

CursorOff;

Schaltet den Cursor innerhalb des aktiven Fensters aus (macht ihn unsichtbar).

CursorOn

Window

CursorOn;

Schaltet den Cursor innerhalb des aktiven Fensters ein.

DEALLOCATE

Storage

DEALLOCATE(VAR p:ADDRESS; groesse:CARDINAL);

Gibt einen zuvor mit *ALLOCATE* reservierten Speicherblock wieder frei. *groesse* sollte der früher reservierten Speichergröße entsprechen.

DEC

Standard-Prozedur

DEC(VAR x);
DEC(VAR x; n);

Verkleinert den Wert *x* (ordinaler Typ, siehe *TYPE*) um 1 bzw. *n* (bei Aufzähltypen wird der unmittelbare bzw. der *n*-te Vorgänger zurückgegeben).

```
TYPE
  wt=(mo,di,mi,do,fr,sa,so);
VAR
  heute:wt;
BEGIN
  heute:=do;
  DEC(heute,2);  (* heute=di *)
  DEC(heute);    (* heute=mo *)
```

DecAddr

Lib, AsmLib

DecAddr(VAR a:ADDRESS; dec:CARDINAL);

Erniedrigt die Speicher-Adresse *a* um den Wert *dec*.

DEFINITION

Reserviertes Wort

Leitet das Definitions-Modul ein; dieses gehört zum gleichnamigen Implementations-Modul (siehe *IMPLEMENTATION*) und enthält alle Bezeichner, die im Implementations-Modul codifiziert sind und von anderen Moduln verwendet werden können.

```
DEFINITION MODULE atl;  (* Dateiname: ATL.DEF *)
  (* hier eventuell benötigte Datentypen importieren  *)
TYPE
  baum;  (* Undurchsichtiger Typ, der erst im ...     *)
         (* ... Implementations-Modul definiert wird. *)
  scr=ARRAY [1..25],[1..80],[1..2] OF BYTE;
VAR
  ok:BOOLEAN;
  msg:ARRAY [0..80] OF CHAR;

  PROCEDURE WrtCard(x:ARRAY OF BYTE; len:INTEGER);
  PROCEDURE Beep(anz:CARDINAL);
END atl.
```

Das zugehörige Implementations-Modul wird bei *IMPLEMENTATION* aufgeführt.

Delay

Lib, AsmLib

Delay(zeit:CARDINAL);

Hält die Programm-Ausführung um *zeit* Millisekunden (=1/1000 Sekunde) an und wird meist zusammen mit der Prozedur *Sound* eingesetzt.

Delay

Process

Delay(t:CARDINAL);

Unterbricht den aktuellen Prozeß für *t* Einheiten (eine Einheit = 1/18 Sekunde). Der Unterschied zu *Lib.Delay* besteht darin, daß *Process.Delay* nicht das gesamte Programm in einen Wartezustand versetzt, sondern nur den aktuellen Prozeß. *Delay(0);* bewirkt, daß sofort der nächste Prozeß mit der gleichen oder höheren Priorität (siehe *StartProcess*) zur Ausführung kommt.
Bitte beachten Sie, daß *Delay* nur dann richtig funktioniert, wenn der Scheduler installiert (siehe *StartScheduler*) und der Prozeß beim Aufruf von *Delay* nicht gesperrt ist (siehe *Lock* und *Unlock*).

Delete

Str

Delete(VAR s:ARRAY OF CHAR; pos,anz:CARDINAL);

Löscht ab der Stelle *pos* der Zeichenkette *s* eine gewisse Anzahl (*anz*) Zeichen; dem ersten Zeichen ist die Nummer 0 zugeordnet.

DelLine

Window

DelLine;

Löscht diejenige Fenster-Zeile, in der sich der Cursor momentan befindet. Alle darunterliegenden Zeilen werden nach oben verschoben.

DI

SYSTEM

DI();

Unterdrückt alle Hardware-Interrupts (08H..0FH, z.B. Tastatur, Zeitgeber) und wird benötigt, um kritische Programm-Passagen (z.B. Verändern von Interrupt-Vektoren) ohne Unterbruch ausführen zu lassen (siehe auch *EI*). Bitte beachten Sie, daß nach *DI* die Systemuhr stehen bleibt.

DirectWrite

Window

DirectWrite(x,y:RelCoord; a:ADDRESS; len:CARDINAL);

Schreibt innerhalb des aktiven Fensters, bei der Stelle *(x,y)* beginnend, *len* Zeichen, die ab der Adresse *a* gespeichert sind (es ist möglich, auch die Zeichen im Bereich *CHR(0)..CHR(31)* auf dem Bildschirm darzustellen). Ein Umbruch am Zeilenende findet nicht statt (die Zeile wird abgeschnitten); die Cursor-Position wird nicht verändert.
Mögliche Bildschirmstörungen (CGA-Karte) können mit der Prozedur *AsmLib.InitScreenType* verhindert werden.

```
VAR
  txt:ARRAY [0..255] OF CHAR;
BEGIN
  txt:='Seite "vau" des Telephonbuches';
  DirectWrite(1,1,ADR(txt),Str.Length(txt));
```

DisableBreakCheck

Lib, AsmLib

DisableBreakCheck;

Verhindert, daß ein laufendes Programm mit *Ctrl-Break* abgebrochen werden kann. Das Prozedur-Paar *DisableBreakCheck* und *EnableBreakCheck* kann beliebig oft in einem Programm eingesetzt werden.

DisableExceptionHandling

FloatExc

DisableExceptionHandling;

Schaltet die Behandlung von Rechenfehlern (Überlauf, Division durch null ...) bei REAL- und LONGREAL-Werten ab (siehe auch *EnableExceptionHandling*). Die Fehlerbehandlungs-Routine wird jedoch erst installiert, wenn das Modul *FloatExc* eingebunden wird.

Disc

Graph

Disc(x,y,r,fuellfarbe:CARDINAL);

Zeichnet einen gefüllten Kreis mit dem Radius *r* und der Füllfarbe *fuellfarbe* (siehe hierzu *HLine*); *(x,y)* bezeichnet den Kreismittelpunkt (die gültigen Bereiche werden bei *Init<karte>* aufgeführt).

DISPOSE

Standard-Prozedur

DISPOSE(VAR p:ADDRESS);

Gibt auf dem Standard-Heap den für die Zeigervariable *p* reservierten Speicherbereich wieder frei (entspricht *DEALLOCATE(p,SIZE(p));*).
Bitte beachten Sie, daß *DEALLOCATE* (Modul *Storage*) bei der Verwendung von *DISPOSE* importiert werden muß.

DIV

Operator

i1 DIV i2 dividiert *i1* durch *i2*; ein eventueller Restbetrag, entstanden bei der Division, wird nicht berücksichtigt (siehe hierzu *MOD*). *i1* und *i2* können zu allen Integer- und Cardinal-Typen gehören.

```
7 DIV 2       =  3
7 DIV (-2)    = -3
(-7) DIV 2    = -3
(-7) DIV (-2) =  3
```

Dos

Lib, AsmLib

Dos(VAR reg:SYSTEM.Registers);

Führt eine DOS-Funktion aus (mit Hilfe des Interrupts 21H). Genauere Informationen hierzu finden Sie in einem DOS-Systemhandbuch.
Der Datentyp *Registers* ist im Modul *SYSTEM* wie folgt definiert:

```
Registers=RECORD
  CASE : BOOLEAN OF
  | TRUE : AX,BX,CX,DX,BP,SI,DI,DS,ES:CARDINAL;
           Flags                     :BITSET;
  | FALSE: AL,AH,BL,BH,CL,CH,DL,DH   :SHORTCARD;
  END
END;
```

Folgendes Programm ermittelt das aktuelle Laufwerk:

```
MODULE Dos_Test;
IMPORT
  Lib,SYSTEM,IO;
VAR
  reg:SYSTEM.Registers;
BEGIN
  reg.AH:=19H;  (* Funktionsnummer *)
  Lib.Dos(reg);
  IO.WrStr('Laufwerk ');
  IO.WrChar(CHR(reg.AL+65))
END Dos_Test.
```

DosExec

AsmLib

DosExec(name:ARRAY OF CHAR; par:ADDRESS):CARDINAL;

Wird von *Execute* verwendet und startet ein Programm (*DosExec* entspricht der DOS-Funktion *4BH*; siehe DOS-Systemhandbuch).

EI

SYSTEM

EI();

Ermöglicht die mit *DI* verhinderten Hardware-Interrupts.

Ellipse

Graph

Ellipse (x,y,rx,ry,c:CARDINAL; fuellen:BOOLEAN);

Zeichnet eine Ellipse mit den beiden Halbachsen *rx* und *ry*; falls *fuellen* den Wert *TRUE* enthält, wird die gezeichnete Ellipse mit der Farbe *c* gefüllt (siehe hierzu *HLine*). Der Punkt *(x,y)* bezeichnet das Zentrum der Ellipse (die gültigen Bereiche werden bei *Init<karte>* aufgeführt).

EnableBreakCheck

Lib, AsmLib

EnableBreakCheck;

Ermöglicht, daß ein laufendes Programm mit *Ctrl-Break* abgebrochen werden kann (entspricht der Standard-Einstellung). Das Prozedur-Paar *DisableBreakCheck* und *EnableBreakCheck* kann beliebig oft in einem Programm eingesetzt werden.

EnableExceptionHandling

FloatExc

EnableExceptionHandling;

Schaltet die Behandlung von Rechenfehlern (Überlauf, Division durch null ...) bei REAL- und LONGREAL-Werten ein (siehe auch *DisableExceptionHandling*). Durch das Importieren des Moduls *FloatExc* wird die Fehlerbehandlungs-Routine jedoch selbständig installiert.

```
MODULE Test;
IMPORT IO,FloatExc;
VAR
  r:REAL;
BEGIN
  r:=r/0.0;  (* erzeugt Rechenfehler *)
  IO.WrReal(r,10,20)
END Test.
```

END

Reserviertes Wort

Schließt einen Anweisungsblock ab. Dieser wird durch eines der reservierten Worte *BEGIN*, *CASE . OF*, *ELSE*, *ELSIF*, *IF . THEN*, *LOOP*, *RECORD*, *WHILE . DO* oder *WITH . DO* eingeleitet.

EndOfRd

IO

EndOfRd(skip:BOOLEAN):BOOLEAN;

Übergibt den Wert *TRUE*, wenn das Ende des Eingabepuffers erreicht ist. Falls *skip* den Wert *TRUE* enthält, werden vor der Prüfung zuerst alle in *IO.Separators* definierten Trennzeichen übersprungen.

```
VAR
  txt:ARRAY [0..255] OF CHAR;
BEGIN
  IO.WrStr('Text: '); RdItem(txt);
  IO.WrStr(txt); IO.WrLn;  (* gibt einzelnes Wort aus *)
  WHILE NOT EndOfRd(TRUE) DO  (* noch weitere Wörter? *)
    RdItem(txt);
    IO.WrStr(txt);           (* gibt einzelnes Wort aus *)
    IO.WrLn
  END;
```

Environment

Lib, AsmLib

Environment(nr:CARDINAL):CommandType;

Übergibt den Eintrag *nr* der Environment-Tabelle als Zeichenkette. Dem ersten Eintrag ist die Nummer 0 zugeordnet.
Der Datentyp *CommandType* ist wie folgt im Modul *Lib* definiert:

```
CommandType=POINTER TO ARRAY [0..126] OF CHAR;
```

Wenn *nr* kein Eintrag mehr zugeordnet werden kann, wird eine leere Zeichenkette zurückgeliefert.
In der Environment-Tabelle werden beispielsweise der aktuelle Suchpfad, der verwendete Kommando-Interpreter oder das Aussehen des DOS-Prompt gespeichert.

```
VAR
  nr:CARDINAL;
  eintrag:Lib.CommandType;
BEGIN
  nr:=0;
  eintrag:=Environment(nr);
  WHILE Str.Length(eintrag^)>0 DO
    IO.WrStr(eintrag^); IO.WrLn;
    INC(nr); eintrag:=Environment(nr)
  END;
```

Erase

FIO

Erase(name:ARRAY OF CHAR);

Löscht die Datei *name*. Eine zu löschende Datei sollte geschlossen sein (siehe *FIO.Close*).

EXCL

Standard-Prozedur

EXCL(VAR menge; ele);

Entfernt das Elemente *ele* aus der Menge *menge* (falls vorhanden). Siehe auch *INCL*.

```
TYPE
  wt=(mo,di,mi,do,fr,sa,so);
  woche=SET OF wt;
VAR
  arbeit:woche;
  bit:BITSET;
BEGIN
  bit:={0,2..8,14}; EXCL(bit,4);
  arbeit:=woche{mo..fr}; EXCL(arbeit,fr);
```

Execute

Lib

Execute(name:ARRAY OF CHAR;
param:ARRAY OF CHAR; wo:ADDRESS;
wieviel:CARDINAL):CARDINAL;

Führt das Programm *name* aus und übergibt ihm die Parameter *param*. Der Arbeitsspeicher des gestarteten Programmes beginnt bei der Adresse *wo* und umfaßt *wieviel* Paragraphen (auf dem Heap zu reservieren; 1 Paragraph = 16 Bytes).
name enthält den Namen des zu startenden Programms (.COM- oder .EXE-Datei), wobei die Dateierweiterung angegeben werden muß. Als Funktionsergebnis wird ein Fehlercode zurückgegeben (0 für fehlerfreie Ausführung). Interne DOS-Befehle und .BAT-Dateien sind mit dem Kommando-Interpreter und dem zusätzlichen Parameter **/c** zu starten:

```
Execute('\command.com','/c dir *.*',wo,wieviel);
```

Folgendes Programm führt jedes beliebige Programm, alle DOS-Befehle und .BAT-Dateien aus:

```
MODULE Execute_Test;
FROM Lib IMPORT
  Execute;
FROM Storage IMPORT
  MainHeap,HeapAvail,HeapAllocate,HeapDeallocate;
IMPORT
  IO,Str;
VAR
  err,para:CARDINAL;
  p:ADDRESS;
  s:ARRAY [0..127] OF CHAR;
BEGIN
  para:=HeapAvail(MainHeap);  (* maximale Größe ermitteln *)
  HeapAllocate(MainHeap,p,para);
  LOOP
    IO.WrStr('> '); IO.RdStr(s);
    IF Str.Length(s)=0 THEN EXIT END;
    Str.Concat(s,'/c ',s);
    err:=Execute('\command.com',s,p,para);
    IO.WrStr('Zurück im Hauptprogramm. Fehlercode: ');
    IO.WrCard(err,1); IO.WrLn
  END;
  HeapDeallocate(MainHeap,p,para)
END Execute_Test.
```

Exists

FIO

Exists(name:ARRAY OF CHAR):BOOLEAN;

Übergibt den Wert TRUE, wenn die Datei *name* existiert. *name* kann Laufwerk und Suchpfad enthalten.

```
IF Exists('C:\WORD\TEST.TXT') THEN
  IO.WrStr('Datei existiert.')
END;
```

EXIT

Reserviertes Wort

Verläßt die aktuelle *LOOP*-Schleife augenblicklich, d.h. fährt mit der ersten Anweisung nach der Schleife fort. *EXIT* darf nur innerhalb einer *LOOP*-Schleife verwendet werden.

Exp

MATHLIB

Exp(x:LONGREAL):LONGREAL;

Berechnet *e* "hoch" *x*, wobei *e* dem Wert 2.718... (Eulersche Konstante) entspricht (Umkehrfunktion von *Log*).

EXPORT

Reserviertes Wort

Exportiert einen Bezeichner eines inneren Moduls und macht diesen im äußeren Modul zugänglich (siehe auch QUALIFIED).

```
MODULE EXPORT_Test;
IMPORT
  IO;

  MODULE drin;
  IMPORT
    IO;
  EXPORT
    rrand,warte;
  VAR
    rrand:CARDINAL;

    PROCEDURE warte;
    VAR
      i:CARDINAL;
      ch:CHAR;
    BEGIN
      FOR i:=1 TO rrand DO
        IO.WrStr('.');
        IF IO.KeyPressed() THEN
          ch:=IO.RdKey(); IO.WrStr(' Na na ')
        END
      END;
    END warte;

  BEGIN
    rrand:=5555  (* <rrand> initialisieren *)
  END drin;

BEGIN
  warte;                     (* auch <drin.warte> ist möglich *)
  IO.WrCard(drin.rrand,1)    (* <rrand> hier qualifiziert     *)
END EXPORT_Test.
```

FALSE

Konstante

Entspricht dem Wahrheitswert FALSCH und kann einer Variablen vom Typ *BOOLEAN* übergeben werden.

FatalError

Lib, AsmLib

FatalError(msg:ARRAY OF CHAR);

Schreibt die Zeichenkette *msg* in den Bildschirm und bricht das laufende Programm ab.

Fill

Lib, AsmLib

Fill(was:ADDRESS; anz:CARDINAL; wert:BYTE);

Initialisiert den Speicherbereich an der Adresse *was* mit dem Wert *wert*. Insgesamt werden *anz* Bytes geschrieben (siehe auch *WordFill*).

FIO

Modul

Enthält Routinen, die für eine zweckmäßige Verwaltung von Dateien (Festplatte, Diskette) notwendig sind. Die meisten Routinen machen Gebrauch von den DOS-Funktionen (Interrupt 21H, siehe auch *Dos*).

Datei-Routinen:

`Append, AssignBuffer, Close, Create, Erase, Exists, Open, Rename, Size, Truncate`

Datei-Zeiger:

`GetPos, Seek`

Schreib- und Lese-Routinen:

`Rd<typ>, RdBin, RdItem, RdStr, Wr<typ>, WrBin, WrCharRep, WrLn, WrStr, WrStrAdj`

Abfrage-Routine:

`IOresult`

Directories:

`ChDir, GetDir, MkDir, ReadFirstEntry, ReadNextEntry, RmDir`

Vordefinierte Konstanten:

```
CONST
  MaxOpenFiles  =15;
  DiskFull      =0F0H;  (* Fehlercode, wenn Diskette voll *)
  StandardInput =0;     (* Standardeingabe (Tastatur)     *)
  StandardOutput=1;     (* Standardausgabe (Bildschirm)   *)
  ErrorOutput   =2;     (* Fehlerausgabe (Bildschirm)     *)
  AuxDevice     =3;     (* Serielle Schnittstelle         *)
  PrinterDevice =4;     (* Parallele Schnittstelle        *)
  BufferOverhead=SIZE(BufRec)-1;
```

Vordefinierte Typen:

```
TYPE
  File=CARDINAL;
  BufRec=RECORD
    RWPos,EOB,BufSize:CARDINAL;
    Buffer:ARRAY [0..0] OF SHORTCARD
  END;
  FileAttr=SET OF (readonly,hidden,system,
    volume,directory,archive);
```

```
PathStr =ARRAY [0..64] OF CHAR;
PathTail=ARRAY [0..12] OF CHAR;
DirEntry=RECORD
  rsvd:ARRAY [0..20] OF SHORTCARD;
  attr:FileAttr;        (* Dateiattribut                *)
  time,date:CARDINAL;   (* Zeit und Datum (codiert)     *)
  size:LONGCARD;        (* Dateigröße (Bytes)           *)
  Name:PathTail         (* Dateiname und Erweiterung *)
END;
```

Vordefinierte Variablen:

```
VAR
  Separators:Str.CHARSET;            (* gültige Trennzeichen *)
  OK,          (* TRUE, wenn gelesener Wert gültig          *)
  ChopOff,     (* TRUE, wenn Ausgabefeld erweiterbar        *)
  Eng,         (* TRUE bei wissenschaftlicher Darstellung *)
  IOcheck,     (* TRUE, wenn Ein-, Ausgabe geprüft wird     *)
  EOF:BOOLEAN; (* TRUE, wenn Dateiende erreicht             *)
```

FixRealToStr

Str

FixRealToStr(x:LONGREAL; k:CARDINAL;
VAR s:ARRAY OF CHAR; VAR ok: BOOLEAN);

Wandelt den Wert *x* (gültiger Bereich: *-1.0E18 < x < 1.0E18*) in eine Zeichenkette um. *k* steht für die gewünschte Anzahl Kommastellen (Bereich: 0..17). Wenn *ok* nach der Prozedur-Ausführung den Wert *TRUE* enthält, steht die umgewandelte Zahl in *s* zur Verfügung. *FixRealToStr* verwendet im Gegensatz zu *RealToStr* keine Exponenten-Darstellung.

```
FixRealToStr(2.3477,2,s,ok);  (* s='2.35' (gerundet) *)
FixRealToStr(2.3477,6,s,ok);  (* s='2.347700'        *)
```

FLOAT

Standard-Funktion

FLOAT(x):REAL;

Wandelt das Argument *x* (alle Integer- und Cardinal-Typen) in einen *REAL*-Wert um.

FloatExc

Modul

TopSpeed Modula-2 verwendet bei mathematischen Operationen automatisch den Coprozessor 8087 (und Brüder). Falls dieser nicht existiert, wird er vollständig emuliert. Folgende beiden Routinen ermöglichen das Ein- und Ausschalten einer Fehlerbehandlungs-Routine:

```
DisableExceptionHandling, EnableExceptionHandling
```

FOR . TO . BY . DO

Reserviertes Wort

Definiert eine Schleife, die eine bestimmte Anzahl Mal ausgeführt werden soll.

```
FOR i:=anfang TO ende DO
  IO.WrChar('*')
END;
```

Die Laufvariable *i* (von ordinalem Typ, siehe *TYPE*) enthält zu Beginn den Wert *anfang* und wird nach jedem Schleifendurchlauf (= Ausführen aller Anweisungen, die innerhalb der *FOR*-Schleife stehen) um 1 erhöht, solange bis der Wert *ende* erreicht ist. Mit Hilfe des reservierten Wortes *BY* kann eine gewünschte Schrittweite (*LONGINT*- oder *LONGCARD*-Konstante) angegeben werden.

```
FOR i:=0 TO 40 BY 3 DO IO.WrInt(i,4) END;
FOR i:=20 TO 10 BY -1 DO IO.WrInt(i,4) END;
FOR ch:='z' TO 'a' BY -2 DO IO.WrChar(ch) END;
```

FORWARD

Reserviertes Wort

Da TopSpeed Modula-2 ein Single-Pass-Compiler ist (d.h. er benötigt nur einen Durchgang für die Compilierung), ist es nicht ohne weiteres möglich, zwei Prozeduren zu schreiben, die sich gegenseitig aufrufen (denn in TopSpeed Modula-2 muß jede Routine vor ihrem ersten Aufruf definiert sein).
Um dies dennoch zu ermöglichen, wird der Kopf (einschließlich der Parameterliste) der gewünschten Prozedur (oder Funktion) um das reservierte Wort *FORWARD* erweitert und so im Programm-Text plaziert, daß der Compiler jederzeit auf einen definierten Prozedur-Namen stößt (die eigentliche Routine wird wie gewohnt etwas weiter unten codifiziert).

```
MODULE FORWARD_Test;

  PROCEDURE two(stop:BOOLEAN); FORWARD;

  PROCEDURE one(stop:BOOLEAN);
  BEGIN
    IF stop THEN HALT ELSE two(FALSE) END
  END one;

  PROCEDURE two(stop:BOOLEAN);
  BEGIN
    IF stop THEN HALT ELSE one(TRUE) END
  END two;

BEGIN
  one(FALSE)
END FORWARD_Test.
```

FROM . IMPORT

Reserviertes Wort

Importiert die aufgeführten Bezeichner (Typen, Konstanten, Variablen, Prozeduren) ins aktuelle Modul und macht diese verfügbar (siehe auch *IMPORT*).

```
MODULE Test;
FROM Lib IMPORT
  RANDOM;
FROM IO IMPORT
  WrCard;
VAR
  i:CARDINAL;
BEGIN
  FOR i:=1 TO 10 DO           (* <IO.WrCard> und ...  *)
    WrCard(RANDOM(10),1)      (* ... <Lib.RANDOM> ... *)
  END                         (* ... nicht erlaubt.   *)
END Test.
```

Get_Name

ProcTrace

Get_Name():Name;

Liefert den Namen (inklusiv Modul) der aktuellen Prozedur oder Funktion. Damit *Get_Name* wirklich den aktuellen Namen liefert, muß zuvor *ProcTrace.Install* aufgerufen worden sein, für die aktuelle Prozedur oder Funktion der Compiler-Befehl *(*$Q+*)* gelten und der Linker eine .MAP-Datei erstellt haben (Menüpunkt *Options, Linker, Map File* muß auf *ON* stehen). Ist *(*Q+*)* nicht aktiv, wird automatisch der zuletzt mit *(*Q+*)* markierte Routinen-Name zurückgegeben (siehe Beispiel bei *Install*).
Das Trennzeichen zwischen dem Modul- und dem Routinen-Namen gibt darüber Aufschluß, auf welche Art eine Routine definiert worden ist:

@ Routine als *near* definiert (Compiler-Befehl **N**)
$ Routine als *far* definiert (Compiler-Befehl **F**), entspricht dem Standard

Der Datentyp *Name* ist wie folgt im Modul *ProcTrace* definiert:

```
TYPE
  Name:ARRAY [0..30] OF CHAR;
```

GetCsIp

ProcTrace

GetCsIp():ADDRESS;

Ermittelt die aktuellen Inhalte der beiden CPU-Register *CS* (*Codesegment*) und *IP* (*Instruktions-Pointer* oder *Befehls-Zeiger*). Sie zeigen auf den Befehl, der als nächstes zur Ausführung kommt. Als Funktionsergebnis wird die Adresse *[CS:IP]* zurückgegeben.

GetDir

FIO

GetDir(lauf:SHORTCARD; VAR name:ARRAY OF CHAR);

Ermittelt das aktuelle Verzeichnis des Laufwerkes *lauf* (0=aktuelles Laufwerk, 1=A:, 2=B: ...) und stellt es mit Hilfe des Parameters *name* zur Verfügung.

GetFlags

SYSTEM

GetFlags():CARDINAL;

Liefert den aktuellen Inhalt des CPU-Registers *flags* (speichert gewisse Zustände, z.B. Überlauf, Vorzeichen).

GetInProgramFlag

AsmLib

GetInProgramFlag():BOOLEAN;

Liefert den Wert TRUE, wenn keine Betriebssystem-Funktion (Interrupt 21H, siehe *Dos*) in Arbeit ist. Übergibt *GetInProgramFlag* den Wert FALSE, darf die Prozedur *Dos* nicht verwendet werden (nur relevant bei parallelen Prozessen). Bitte beachten Sie, daß viele Routinen des Moduls *FIO* die Prozedur *Dos* benützen.

GetPos

FIO

GetPos(f:File):LONGCARD;

Ermittelt die aktuelle Position des Dateizeigers (siehe auch *Seek*). *f* entspricht der Nummer einer zuvor geöffneten oder erzeugten Datei (siehe auch *FIO.Open* und *Create*).

GOTO

Reserviertes Wort

Springt zu einer mit einer Marke (siehe *LABEL*) bezeichneten Stelle.

GotoXY

Window

GotoXY(x,y:RelCoord);

Setzt den Cursor an den Punkt *(x,y)* innerhalb des aktiven Fensters. *RelCoord* ist wie folgt definiert:

```
RelCoord=CARDINAL;
```

Der Punkt *(1,1)* entspricht der linken oberen Fensterecke.

Graph

Modul

Die unter TopSpeed Modula-2 verfügbaren Graphik-Routinen sind auf den heute gebräuchlichen Bildschirm-Adaptern lauffähig (CGA, Hercules, AT&T und Olivetti, EGA, VGA).

Initialisierung und Umschaltung:

```
GraphMode, Init<karte>, TextMode
```

Zeichen-Routinen:

```
Circle, Disc, Ellipse, HLine, Line, Plot, Point, Polygon
```

Vordefinierte Konstanten:

```
CONST
  CGAWidth =320;  CGADepth =200;  CGANumColor =4;
  EGAWidth =640;  EGADepth =350;  EGANumColor =16;
  VGAWidth =640;  VGADepth =480;  VGANumColor =16;
  HercWidth=720;  HercDepth=348;  HercNumColor=2;
  ATTWidth =640;  ATTDepth =400;  ATTNumColor =2;
```

Vordefinierte Variablen:

```
VAR
  Width   :CARDINAL;  (* maximale x-Koordinate *)
  Depth   :CARDINAL;  (* maximale y-Koordinate *)
  NumColor:CARDINAL;  (* Anzahl Farben         *)
```

GraphMode

Graph

GraphMode;

Schaltet in den Graphik-Modus um und ermöglicht das Zeichnen mit den Graphik-Routinen *Circle*, *Disc*, *Ellipse*, *HLine*, *Line*, *Plot* und *Polygon*. Standardmäßig wird der CGA-Modus eingeschaltet, dies kann aber mit *Init<karte>* (gültige Bereiche werden dort aufgeführt) geändert werden.

```
MODULE GraphMode_Test;
IMPORT
  Lib,IO,Graph;
VAR
  ch:CHAR;
  x1,y1,x2,y2:CARDINAL;
BEGIN
  Graph.InitVGA;  (* siehe Init<karte> *)
  Graph.GraphMode;
  Lib.RANDOMIZE;
  LOOP
    IF IO.KeyPressed() THEN EXIT END;
    x1:=Lib.RANDOM(Graph.Width);
    x2:=Lib.RANDOM(Graph.Width);
    y1:=Lib.RANDOM(Graph.Depth);
    y2:=Lib.RANDOM(Graph.Depth);
    Graph.Line(x1,y1,x2,y2,Graph.NumColor-1)
  END;
  ch:=IO.RdKey();  (* Tastatur-Puffer leeren *)
  Graph.TextMode
END GraphMode_Test.
```

HALT

Standard-Prozedur

HALT;

Bricht das laufende Programm ab, wobei zuerst die mit *Terminate* installierte Abbruch-Routine ausgeführt wird.

HashString

Lib, AsmLib

**HashString(s:ARRAY OF CHAR;
b:CARDINAL):CARDINAL;**

Ordnet der Zeichenkette *s* einen Wert im Bereich *0..(b-1)* zu und gibt diesen als Funktions-Ergebnis zurück.

HeapAllocate

Storage

**HeapAllocate(org:HeapRecPtr; VAR p:ADDRESS;
anz:CARDINAL);**

Reserviert auf dem Heap mit der Anfangsadresse *org* einen Speicherblock, der *anz* Paragraphen (=16 Bytes) umfaßt. Nach *HeapAllocate* zeigt *p* auf den reservierten Block; wenn der Heap bereits voll ist, erscheint eine Fehlermeldung (*'Heap overflow'*).
Wird *org* die vordefinierte Variable *Storage.MainHeap* übergeben, kann auf den Standard-Heap zugegriffen werden (weitere Informationen bei *MakeHeap*).

```
VAR
  pu:ADDRESS;
BEGIN
  IF HeapAvail(MainHeap)>=1024 THEN  (* genügend Speicher? *)
    HeapAllocate(MainHeap,pu,1024)   (* 16 KBytes         *)
  END;
```

HeapAvail

Storage

HeapAvail(org:HeapRecPtr):CARDINAL;

Ermittelt den Umfang (in Paragraphen) des größten Speicherblockes, der auf dem Heap mit der Startadresse *ord* reserviert werden kann (siehe auch *MakeHeap*).

HeapBase

SYSTEM

VAR HeapBase:CARDINAL;

Enthält den Segment-Teil der Adresse, bei der der Heap beginnt (siehe auch *PSP*).

HeapChangeAlloc

Storage

**HeapChangeAlloc(org:HeapRecPtr; p:ADDRESS;
altegr,neuegr:CARDINAL):BOOLEAN;**

Ändert die Größe des Blockes, auf den *p* zeigt, von *altegr* auf *neuegr* Paragraphen (=16 Bytes); *org* bezeichnet dabei die Startadresse des gewünschten Heaps (siehe auch *MakeHeap*). Falls diese Funktion erfolgreich ausgeführt werden konnte, wird als Funktions-Ergebnis *TRUE* zurückgegeben. Bitte beachten Sie, daß diese Funktion keine Daten kopiert (im Gegensatz zu *HeapChangeSize*).

HeapChangeSize

Storage

HeapChangeSize(org:HeapRecPtr; VAR p:ADDRESS; altegr,neuegr:CARDINAL);

Arbeitet ähnlich wie *HeapChangeAlloc*, kopiert jedoch bei Bedarf Daten. Um Laufzeitfehler zu vermeiden (*'Heap overflow'*), sollte zuerst mit *HeapAvail* überprüft werden, ob ein Speicherblock von *neuegr* Paragraphen auf dem Heap *org* Platz findet.

HeapDeallocate

Storage

HeapDeallocate(org:HeapRecPtr; VAR p:ADDRESS; anz:CARDINAL);

Gibt einen zuvor mit *HeapAllocate* reservierten Speicherblock wieder frei. *anz* sollte der früher reservierten Anzahl Paragraphen entsprechen; der Parameter *org* bezeichnet die Startadresse des gewünschten Heaps (siehe auch *MakeHeap*).

HeapTotalAvail

Storage

HeapTotalAvail(org:HeapRecPtr):CARDINAL;

Ermittelt den gesamten freien Speicherplatz (in Paragraphen) auf dem Heap *org* (siehe auch *MakeHeap*). *HeapAvail* ermittelt die Größe des größten zusammenhängenden Blocks.

Hide

Window

Hide(w:WinType);

Macht das Fenster *w* unsichtbar; mit *PutOnTop* kann es wieder sichtbar gemacht werden. *Window.Close* schließt ein Fenster für immer.

HIGH

Standard-Funktion

HIGH(a):CARDINAL;

Ermittelt die obere Grenze des offenen Arrays *a* (siehe *PROCEDURE*); auf die einzelnen Komponenten des Arrays kann mit einem Index zugegriffen werden, der im Bereich *0..HIGH(a)* liegen muß.
Folgende Prozedur ist in der Lage, einen beliebigen Cardinal-Typ auszugeben:

```
PROCEDURE WrtCard(x:ARRAY OF BYTE; len:INTEGER);
VAR
  s:POINTER TO SHORTCARD;
  c:POINTER TO CARDINAL;
  l:POINTER TO LONGCARD;
BEGIN
  CASE HIGH(x) OF
    0: s:=ADR(x); IO.WrShtCard(s^,len);
  | 1: c:=ADR(x); IO.WrCard(c^,len);
  | 3: l:=ADR(x); IO.WrLngCard(l^,len)
  END
END WrtCard;
```

HLine

Graph

HLine(x1,y,x2:CARDINAL; fuellfarbe:CARDINAL);

Zeichnet eine horizontale Linie, d.h. verbindet die beiden Punkte *(x1,y)* und *(x2,y)* miteinander. Der Parameter *fuellfarbe* bestimmt die Farbe der zu zeichnenden Linie, wobei er nach folgender Formel zu berechnen ist:

```
fuellfarbe:=farbe1+Graph.NumColor*farbe2;
```

farbe1 und *farbe2* sollten im Bereich *0..(Graph.NumColor-1)* liegen; erhalten *farbe1* und *farbe2* denselben Wert, wird eine durchgehende und einfarbige Linie gezeichnet, anderfalls eine gepunktete Linie, die aus den beiden angegebenen Farben (siehe auch *Init<karte>*) gebildet wird. Bitte beachten Sie, daß *HLine* auch zum Füllen von Graphik-Figuren (siehe *Disc*, *Ellipse* und *Polygon*) verwendet wird.

```
GraphMode; (* Graphik-Modus (CGA) aktivieren *)
HLine(0,0,100,1+4*1); (* blaue Linie         *)
HLine(0,2,100,0+4*1); (* schwarz-blaue Linie *)
HLine(0,4,100,2+4*3); (* rot-weiße Linie     *)
```

HSort

Lib

HSort(n:CARDINAL; less:CompareProc; swap:SwapProc);

Sortiert mit Hilfe des Heap-Sorts beliebige Werte (Zahlen, Zeichenketten ...). Der Heap-Sort zählt zu den schnellen Sortier-Methoden und zeigt auch bei vielen Elementen eine äußerst gute Leistung. Er ist zwar etwas langsamer als der Quick-Sort (siehe *QSort*), benötigt jedoch zur Sortierung keinen Zusatzspeicher (wie etwa der Quick-Sort).
Die beiden Datentypen *CompareProc* und *SwapProc* sind im Modul *Lib* wie folgt definiert:

```
CompareProc = PROCEDURE(CARDINAL,CARDINAL):BOOLEAN;
SwapProc    = PROCEDURE(CARDINAL,CARDINAL);
```

Der Parameter *n* bezeichnet die Anzahl Elemente (meist als Array gespeichert; erstes Element trägt die Nummer 1), die sortiert werden sollen (*n>0*). *less* erwartet den Namen einer Funktion, die dem prozeduralen Typ *CompareProc* entspricht; *swap* hingegen sollte der Namen einer Prozedur übergeben werden, die mit dem Typ *SwapProc* übereinstimmt. *less* vergleicht die beiden Elemente mit den übergebenen Indizes und liefert den Wert *TRUE*, wenn das erste Element kleiner ist als das zweite; *swap* tauscht die beiden Elemente aus (*less* und *swap* sind vom Benutzer zu schreiben).

```
MODULE HSort_Test;
FROM Lib IMPORT
  HSort,RANDOMIZE,RAND;
IMPORT
  IO;
CONST
  max=16000; (* maximale Anzahl Werte *)
VAR
  f:ARRAY [1..max] OF REAL;
  i,anz:CARDINAL;

  PROCEDURE kleiner(i,j:CARDINAL):BOOLEAN;
  BEGIN
    RETURN f[i]<f[j]
  END kleiner;
```

```
  PROCEDURE tausche(i,j:CARDINAL);
  VAR
    temp:REAL;
  BEGIN
    temp:=f[i]; f[i]:=f[j]; f[j]:=temp
  END tausche;

BEGIN
  IO.WrStr('Anzahl (<=16000): '); anz:=IO.RdCard();
  IO.WrStr('Erzeugen ...'); IO.WrLn;
  RANDOMIZE; FOR i:=1 TO anz DO f[i]:=RAND() END;
  IO.WrStr('Start ...'); IO.WrLn;
  HSort(anz,kleiner,tausche);
  IO.WrStr('... Ende'); IO.WrLn
END HSort_Test.
```

IF . THEN . ELSIF . ELSE Reserviertes Wort

Ermöglicht das Ausführen einer Anweisungen oder eines Anweisungsblockes unter bestimmten Bedingungen. Wenn die Bedingung (vom Typ *BOOLEAN*) nach dem reservierten Wort *IF* wahr ist, wird der Anweisungsblock nach *THEN* ausgeführt. Andernfalls werden alle Bedingungen der *ELSIF*-Zweige geprüft (wenn vorhanden) und schließlich, wenn keine der Bedingungen *TRUE* ergeben hat, wird der Anweisungsblock des *ELSE*-Zweiges ausgeführt (wenn vorhanden).

```
IF a=b THEN
  IO.WrStr('gleich')
END;

IF z MOD t=0 THEN
  IO.WrStr('<z> ohne Rest teilbar')
ELSIF ODD(z) THEN
  IO.WrStr('<z> ist ungerade')
ELSIF t*t>z THEN
  IO.WrStr('<z> ist keine Primzahl.'); IO.WrLn;
  IO.WrStr('<t> enthält den Wert: ');
  IO.WrCard(t,1)
ELSE
  IO.WrStr('Keine der obigen Bedingungen'); IO.WrLn;
  IO.WrStr('konnte erfüllt werden ...')
END;
IO.WrLn;
```

IMPLEMENTATION Reserviertes Wort

Leitet das Implementations-Modul ein; in ihm werden alle Prozeduren codifiziert, die im Definitions-Modul (siehe *DEFINITION*) aufgeführt sind.
Das zum folgenden Beispiel gehörende Definitions-Modul finden Sie bei *DEFINITION* aufgeführt:

```
IMPLEMENTATION MODULE alt;  (* Dateiname: ATL.MOD *)
IMPORT
  IO;
TYPE
  baum=POINTER TO tree;  (* wird erst hier genau definiert *)
  tree=RECORD
    left,right:baum;
    element:ARRAY [0..255] OF CHAR
  END;

  PROCEDURE WrtCard(x:ARRAY OF BYTE; len:INTEGER);
  VAR
    c:POINTER TO CARDINAL;
    l:POINTER TO LONGCARD;
  BEGIN
    ok:=TRUE;
    CASE HIGH(x) OF
      1: c:=ADR(x); IO.WrCard(c^,len)
    | 3: l:=ADR(x); IO.WrLngCard(l^,len)
    ELSE
      ok:=FALSE;
      msg:='Falscher Typ.'
    END
  END WrtCard;

  PROCEDURE Beep(anz:CARDINAL);
  VAR
    i:CARDINAL;
  BEGIN
    FOR i:=1 TO anz DO IO.WrChar(CHR(7)) END
  END Beep;
```

```
BEGIN (* Initialisierung von Variablen *)
  ok:=TRUE;
  msg[0]:=0C
END atl.
```

IMPORT

Reserviertes Wort

Ermöglicht den Zugriff auf alle in einem Modul enthaltenen Bezeichner (Typen, Variablen, Konstanten, Prozeduren). Die einzelnen Bezeichner müssen in qualifizierter Form (Voranstellen des Modulnamens) angegeben werden (siehe auch *FROM . IMPORT*).

```
MODULE IMPORT_Test;
IMPORT
  Lib,IO;
VAR
  i:INTEGER;
BEGIN
  FOR i:=1 TO 10 DO
    IO.WrCard(Lib.RANDOM(10),1);
  END
END IMPORT_Test.
```

IN

Operator

Prüft, ob ein Element in einer Menge vorhanden ist (siehe auch *SET OF*).

```
TYPE
  CHARSET=SET OF CHAR;
VAR
  trenn:CHARSET;
  c:CARDINAL;
BEGIN
  ...
  IF ':' IN trenn THEN IO.WrStr('ok'); IO.WrLn END;
  IF 2 IN BITSET(c) THEN IO.WrStr('2. Bit gesetzt!') END;
```

In

SYSTEM

In(p:CARDINAL):SHORTCARD;

Liest den aktuellen Wert des Datenports *p* (Bereich für *p*: 0..65535). Die Datenports werden für die interne Kommunikation zwischen CPU und Peripheriegeräten (z.B. Tastatur, Bildschirm) benötigt und sind *nicht* Bestandteil des Systemspeichers (siehe auch *Out*).

INC

Standard-Prozedur

INC(VAR x);
INC(VAR x; n);

Vergrößert den Wert *x* (ordinaler Typ, siehe *TYPE*) um 1 bzw. *n* (bei Aufzähltypen wird der unmittelbare bzw. der *n*-te Nachfolger zurückgegeben).

```
TYPE
  beatles=(john,paul,georges,ringo);
VAR
  who:beatles;
BEGIN
  who:=john;
  INC(who);    (* who=paul  *)
  INC(who,2);  (* who=ringo *)
```

IncAddr

Lib, AsmLib

IncAddr(VAR a:ADDRESS; inc:CARDINAL);

Erhöht die Adresse *a* um den Wert *inc*.

INCL

Standard-Prozedur

INCL(VAR menge; ele);

Fügt das Element *ele* in die Menge *menge* ein (falls noch nicht vorhanden). Siehe auch *EXCL*.

Info

Window

Info(w:WinType; VAR wd:WinDef);

Stellt die Daten des Fensters *w* mit Hilfe des Parameters *wd* zur Verfügung (Datentypen siehe *Window*).

Init

Process

Init(VAR s:SIGNAL);

Initialisiert das Signal *s*; ein Signal muß vor dem ersten Aufruf von *SEND* oder *WAIT* initialisiert werden, da sonst das laufende Programm abstürzen kann. Der Datentyp *SIGNAL* ist als undurchsichtiger Typ im Modul *Process* definiert (siehe *DEFINITION*).
Signale werden zur Kommunikation zwischen parallelen Prozessen benötigt (siehe *StartProcess*).

Init<karte>

Graph

InitATT;
InitCGA; (* Standard-Einstellung *)
InitEGA;
InitHerc;
InitVGA;

Initialisiert das Graphik-Modul *Graph* und bereitet die Graphik-Ausgabe für eine der Karten *AT&T* (auch Olivetti), *CGA*, *EGA*, *Hercules* oder *VGA* vor. Um eine Wirkung zu erzielen, muß *Init<karte>* vor *GraphMode* ausgeführt werden (CGA-Karte entspricht der Standard-Einstellung).
Die Variablen *Width* (maximale x-Koordiante), *Depth* (maximale y-Koordinate) und *NumColor* (Anzahl Farben) sind im Modul *Graph* definiert und werden von *Init<karte>* wie folgt gesetzt:

	Width (x)	Depth (y)	NumColor
ATT	640	400	2 (a)
CGA	320	200	4 (b)
EGA	640	350	16 (c)
Herc	720	348	2 (a)
VGA	640	480	16 (c)

Den einzelnen Farbnummern (anzugeben bei den Zeichenroutinen) sind folgende Farben zugeordnet (immer im Bereich *0..(Graph.NumColor-1)*):

```
(a): 0=schwarz; 1=weiß
(b): 0=schwarz, 1=blau, 2=rot, 3=hellgrau
(c): 0=schwarz, 1=blau, 2=grün, 3=türkis, 4=rot, 5=lila,
     6=braun, 7=hellgrau, 8=dunkelgrau, 9=hellblau,
     10=hellgrün, 11=helltürkis, 12=hellrot, 13=rosa,
     14=gelb, 15=weiß
```

Nach einem Aufruf von *Init<karte>* ist der Graphik-Modus noch nicht aktiviert; dies geschieht erst mit der Prozedur *GraphMode*.

InitScreenType

AsmLib

InitScreenType(schnee:BOOLEAN);

Dient dazu, Bildschirmstörungen ("Schnee") zu verhindern, die bei den Routinen des Moduls *Windows* auftreten können (*InitScreenType(FALSE);* entspricht der Standardeinstellung).

Insert

Str

**Insert(VAR hpt:ARRAY OF CHAR;
teil:ARRAY OF CHAR; pos:CARDINAL);**

Fügt an der Stelle *pos* der Zeichenkette *hpt* die Zeichenkette *teil* ein. Dem ersten Zeichen von *hpt* ist die Nummer 0 zugeordnet.

```
VAR
  s:ARRAY [0..255] OF CHAR;
BEGIN
  s:='1234567890';
  Str.Insert(s,'**',3);  (* s='123**4567890' *)
```

InsLine

Window

InsLine;

Fügt an der aktuellen Cursorposition eine Leerzeile ein; dabei werden alle darunterliegenden Zeile nach unten geschoben (die letzte Zeile rutscht aus dem Fenster).

Install

ProcTrace

Install;

Alle Routinen, für die der Compiler-Befehl *(*$Q+*)* gilt, werden nach der Ausführung von *Install* speziell behandelt. Am Anfang und am Ende solcher Routinen werden zusätzlich parameterlose Prozeduren ausgeführt (den beiden prozeduralen Variablen *Entry* und *Exit* zugeordnet), die den Programmierer genau darüber informieren kön-

nen, wann eine Routine aufgerufen und wieder verlassen wird.
Die beiden prozeduralen Variablen *Entry* und *Exit* sind wie folgt im Modul *ProcTrace* definiert:

```
VAR
  Entry,Exit:PROC;
```

Install ordnet ihnen vordefinierte Prozeduren zu, die jedoch leicht durch eigene ersetzt werden können (siehe Beispiel).
Bitte beachten Sie, daß *Install* versucht, die dem Hauptprogramm zugehörige .MAP-Datei zu öffnen (vom Linker erstellt; der Menüpunkt *Options, Linker, Map file* muß auf *ON* stehen).

```
MODULE Install_Test;
FROM ProcTrace IMPORT
  Install,Get_Name,Entry,Exit;
IMPORT
  IO;

(*$Q+*)
  PROCEDURE schreib;
  VAR
    i:INTEGER;
  BEGIN
    FOR i:=1 TO 10 DO IO.WrInt(i,3) END;
    IO.WrLn
  END schreib;

  PROCEDURE ok():BOOLEAN;
  BEGIN
    RETURN TRUE
  END ok;
(*$Q-*)

  PROCEDURE ein;
  BEGIN
    IO.WrStr('--> '); IO.WrStr(Get_Name()); IO.WrLn
  END ein;

  PROCEDURE aus;
  BEGIN
    IO.WrStr('<-- '); IO.WrStr(Get_Name()); IO.WrLn; IO.WrLn
  END aus;

BEGIN
  Install;
  Entry:=ein;
  Exit:=aus;
  schreib;
  IF ok()=ok() THEN schreib END
END Install_Test.
```

INTEGER

Datentyp

Eine Variable dieses Typs kann ganzzahlige Werte im Bereich -32'768..32'767 aufnehmen (16-Bit-Variable mit Vorzeichen).

InterruptRegisters

SYSTEM

InterruptRegisters(p:ADDRESS):ADDRESS;

Ermöglicht innerhalb einer Interrupt-Prozedur (siehe Routine *PrtScr* bei *IOTRANSFER*) das Lesen (und Verändern) der CPU-Register, die dem vorübergehend unterbrochenen Prozeß *p* gehören. Als Funktions-Ergebnis wird ein Zeiger zurückgegeben, der auf eine Struktur zeigt, die der folgenden entspricht (*ExtReg* ist in keinem Modul definiert):

```
TYPE
  ExtReg=RECORD;
    r:Registers; (* siehe Prozedur <Dos>        *)
    IP,          (* IP=Offset, CS=Segment ...   *)
    CS,          (* ... des nächsten Befehls.   *)
    RetFlags:CARDINAL
  END;
```

Intr

Lib, AsmLib

Intr(VAR reg:SYSTEM.Registers; nr:CARDINAL);

Ruft eine Routine des Interrupts *nr* auf. Ausführliche Informationen finden Sie hierzu in Systemhandbüchern.
Der Datentyp *Registers* ist im Modul *SYSTEM* wie folgt definiert:

```
Registers=RECORD
  CASE : BOOLEAN OF
  | TRUE : AX,BX,CX,DX,BP,SI,DI,DS,ES:CARDINAL;
           Flags                    :BITSET;
  | FALSE: AL,AH,BL,BH,CL,CH,DL,DH  :SHORTCARD;
  END
END;
```

Folgende Funktion prüft, ob die Ctrl-Taste gedrückt ist:

```
PROCEDURE CtrlPressed():BOOLEAN;
VAR
  reg:SYSTEM.Registers;
BEGIN
  reg.AH:=2H;          (* Funktion 2H des Interrupts 16H *)
  Lib.Intr(reg,16H);   (* 16H = Interrupt für Tastatur *)
  RETURN (2 IN BITSET(reg.AL))     (* 2. Bit gesetzt? *)
END CtrlPressed;
```

IntToStr

Str

**IntToStr(x:LONGINT; VAR s:ARRAY OF CHAR;
ba:CARDINAL; VAR ok:BOOLEAN);**

Wandelt den Wert *x* in eine Zeichenkette um unter Verwendung der Basis *ba* (Bereich: 2..16). Falls *s* zu wenig Zeichen aufnehmen kann, enthält *ok* nach der Prozedur-Ausführung den Wert *FALSE*.

IO

Modul

Dieses Modul stellt Lese- und Schreib-Routinen (Bildschirm) zur Verfügung. Sie alle arbeiten fensterbezogen, sobald das Modul *Window* eingebunden wird.

Schreib- und Lese-Routinen:

```
Rd<typ>, RdItem, RdKey, RdLn, RdStr, Wr<typ>, WrCharRep, WrLn,
WrStr, WrStrAdj
```

Ein- und Ausgabe umleiten:

```
RedirectInput, RedirectOutput
```

Abfrage-Routinen:

```
EndOfRd, KeyPressed
```

Vordefinierte Konstante:

```
CONST
  MaxRdLength=256;
```

Vordefinierter Typ:

```
TYPE
  CHARSET=SET OF CHAR;
```

Vordefinierte Variablen:

```
VAR
  Separators:CHARSET;              (* gültige Trennzeichen *)
  RdLnOnWr,      (* TRUE, wenn Eingabepuffer geleert wird    *)
  Prompt,        (* TRUE, wenn Ausgabe von '?' beim Lesen     *)
  OK,            (* TRUE, wenn gelesener Wert gültig          *)
  ChopOff,       (* TRUE, wenn Ausgabefeld erweiterbar        *)
  Eng:BOOLEAN;   (* TRUE bei wissenschaftlicher Darstellung *)
```

IOresult

FIO

IOresult():CARDINAL;

Die meisten Routinen des Moduls *FIO* unterbrechen das laufende Programm bei einem Ein- oder Ausgabefehler. Enthält die Variable *FIO.IOcheck* aber den Wert *FALSE*, wird das Programm in keinem Fall unterbrochen. Mit Hilfe von *IOresult* kann jedoch ermittelt werden, ob ein Fehler aufgetreten ist (Funktionsergebnis<>0). Jeder Aufruf von *IOresult* setzt den Funktionscode auf 0 zurück.

IOTRANSFER

SYSTEM

IOTRANSFER (VAR palt,pneu:ADDRESS; intrnr:CARDINAL);

Unterbricht den Prozeß *palt* und fährt mit der Ausführung des Prozesses *pneu* fort (siehe auch *TRANSFER*). Der Wert des Parameters *intrnr* bezeichnet die Nummer des Interrupts, der dem Prozeß *palt* zugeordnet wird. Die Ausführung von *palt* wird wieder aufgenommen, sobald ein Interrupt mit der Nummer *intrnr* ausgelöst wird (die Daten des dabei laufenden Prozesses werden automatisch in *pneu* gespeichert; siehe auch *InterruptRegister*).
Im folgenden Beispielsprogramm wird bei einem Druck auf die <PrtScr>-Taste der gesamte Bildschirm invertiert.

```
MODULE IOTRANSFER_Test;
FROM SYSTEM IMPORT
  TRANSFER,NEWPROCESS,IOTRANSFER;
IMPORT
  Lib,IO;
VAR
  p1,main,int05,temp:ADDRESS;
  pu1,puint:ARRAY [1..2000] OF BYTE;
```

```
PROCEDURE PrtScr;
CONST
  scrseg=0B800H;  (* 0B000H für Monochrom *)
VAR
  aktiv:BOOLEAN;
  scr:POINTER TO ARRAY [1..2000],[1..2] OF CHAR;
  i:CARDINAL;
BEGIN
  (* Initialisieren von Werten *)
  aktiv:=FALSE;
  scr:=[scrseg:0];
  LOOP
    REPEAT
      IOTRANSFER(int05,temp,5)  (* Kontrolle zurückgeben *)
    UNTIL NOT aktiv;   (* Damit diese Routine nicht ...  *)
    aktiv:=TRUE;       (* ... 2x aufgerufen werden kann. *)
    FOR i:=1 TO 2000 DO
      scr^[i,2]:=CHAR(BITSET(scr^[i,2])/{0..7})  (* XOR *)
    END;
    aktiv:=FALSE
  END
END PrtScr;

PROCEDURE proc1;
BEGIN
  LOOP
    IO.WrStr('Unter '); TRANSFER(p1,main)
  END
END proc1;

BEGIN
  NEWPROCESS(proc1,ADR(pu1),2000,p1);
  NEWPROCESS(PrtScr,ADR(puint),2000,int05);
  TRANSFER(temp,int05);  (* Interrupt-Routine aktivieren *)
  REPEAT
    TRANSFER(main,p1);
    IO.WrStr('Haupt ')
  UNTIL IO.KeyPressed()
END IOTRANSFER_Test.
```

Item

Str

Item(VAR teil:ARRAY OF CHAR; hpt:ARRAY OF CHAR; trenner:CHARSET; nr:CARDINAL);

Sucht innerhalb von *hpt* nach der Komponente mit der Nummer *nr* und stellt diese mit Hilfe von *teil* zur Verfügung. Die einzelnen Komponenten sind durch mindestens eines der in *trenner* definierten Zeichen getrennt. Der Datentyp *CHARSET* ist im Modul *Str* wie folgt definiert:

```
CHARSET=SET OF CHAR;
```

Der ersten Komponente von *hpt* ist die Nummer 0 zugeordnet. Falls *nr* einen zu großen Wert enthält, wird unter Umständen eine leere Zeichenkette mit der Länge 0 zurückgegeben.

```
Item(teil,'so war es',CHARSET{' ','='},1);  (* teil='war' *)
```

ItemS

Str

**ItemS(VAR teil:ARRAY OF CHAR;
hpt:ARRAY OF CHAR; trenner:ARRAY OF CHAR;
nr:CARDINAL);**

Entspricht der Prozedur *Item*; die Trennzeichen werden lediglich als Zeichenkette übergeben.

```
ItemS(teil,'so war es',' =.,:',1); (* teil='war' *)
```

KeyPressed

IO

KeyPressed():BOOLEAN;

Liefert den Wert *TRUE*, wenn sich mindestens ein Zeichen im Tastaturpuffer befindet.

LABEL

Reserviertes Wort

Definiert eine Sprungmarke, die mit *GOTO* zu einem späteren Zeitpunkt angesprungen werden kann (*LABEL* und *GOTO* gehören nicht zum Standard-Modula).

```
PROCEDURE Bildaufbau;
LABEL
  weiter;
VAR
  i:CARDINAL;
BEGIN
  FOR i:=obrand TO unrand DO
    WriteLine(i);
    IF IO.KeyPressed() THEN GOTO weiter END
  END;
weiter:  (* Marke mit abschließendem Doppelpunkt *)
  WriteNumber;
  WriteCursor
END Bildaufbau;
```

Length

Str, AsmLib

Length(s:ARRAY OF CHAR):CARDINAL;

Ermittelt die Länge der Zeichenkette *s*. Ein abschließendes *CHR(0)* wird dabei nicht mitgerechnet.

Lib

Modul

Die in diesem Modul enthaltenen Routinen erweitern die Möglichkeiten des Programmierers und lassen sich nicht eindeutig in ein einziges Anwendungsgebiet eingliedern.

Adreß-Routinen:

```
AddAddr, DecAddr, IncAddr, SubAddr
```

Such-, Füll-, Sortier- und Vergleichs-Routinen:

```
Compare, Fill, HSort, Move, QSort, ScanL, ScanNeL, ScanNeR,
ScanR, WordFill, WordMove
```

Tongenerator und Zufallszahlen:

```
Delay, NoSound, RAND, RANDOM, RANDOMIZE, Sound
```

DOS-Routinen:

```
Environment, ParamCount, ParamStr,
```

Sprünge, Abbruch- und Fehlerbehandlungs-Routinen:

```
FatalError, LongJmp, MathError, MathError2, SetJmp, SetReturn-
Code, Terminate, UserBreak
```

Sonstige-Routinen:

```
DisableBreakCheck, Dos, EnableBreakCheck, Execute, HashString,
Intr
```

Vordefinierte Datentypen:

```
TYPE
  CompareProc=PROCEDURE (CARDINAL,CARDINAL):BOOLEAN;
  SwapProc   =PROCEDURE (CARDINAL,CARDINAL);
  LongLabel  =ARRAY [0..3] OF CARDINAL;
  CommandType=POINTER TO ARRAY [0..126] OF CHAR;
```

Vordefinierte Variablen:

```
VAR
  PSP        :CARDINAL;     (* Programmsegment-Präfix    *)
  CommandLine:CommandType;  (* Parameter beim Programmstart *)
```

Line

Graph

Line(x1,y1,x2,y2:CARDINAL; farbe:CARDINAL);

Verbindet die beiden Punkte *(x1,y1)* und *(x2,y2)* miteinander, so daß eine Linie entsteht (die gültigen Bereiche werden bei *Init<karte>* aufgeführt).

Listen

SYSTEM

Listen(maske:BITSET);

Ermöglicht Interrupts, die zuvor mit der Modul-Priorität gesperrt worden sind (siehe *MODULE*). Jedes Element von *maske* entspricht dabei einem bestimmten Interrupt (Elemente 0..7 = Interrupts 08H..0FH; Elemente 8..15 = Interrupts 70H..77H). Nach *Listen* ist die vorhergehende Modul-Priorität wieder aktiv.

LoadControlWord

MATHLIB

LoadControlWord(c:BITSET);

Schreibt den Wert *c* ins Coprozessor-Register *control*, das beispielsweise Genauigkeit und Rundungsrichtung des Coprozessors speichert.

```
LoadControlWord({7..9,11}); (* setzt Bit 7, 8, 9, 11 *)
```

Lock

Process

Lock;

Sperrt den laufenden Prozeß; dies bedeutet, daß der laufende Prozeß bis zum nächsten *Unlock* nicht unterbrochen wird (und kein anderer Prozeß zur Ausführung kommt). Vor dem Aufruf einer Routine des Moduls *FIO* sollte ein Prozeß gesperrt werden, da diese Routinen DOS-Funktionen benützen, die nicht unterbrochen werden dürfen (gilt auch für das Modul *IO*, wenn nicht die Fensterverwaltung des Moduls *Window* verwendet wird; *IO.KeyPressed* muß jedoch immer im gesperrten Modus aufgerufen werden). Bitte beachten Sie, daß ein Prozeß bei einem Aufruf von *Process.Delay*, *SEND* oder *WAIT* nicht gesperrt sein darf. *Lock* und *Unlock*-Aufrufe können verschachtelt werden.

Log

MATHLIB

Log(x:LONGREAL):LONGREAL;

Berechnet den natürlichen Logarithmus zur Basis *e*, wobei *e* dem Wert 2.718... (Eulersche Konstante) entspricht (Wertebereich für *x*: $x > 0$). *Exp* ist Umkehrfunktion.

Log10

MATHLIB

Log10(x:LONGREAL):LONGREAL;

Berechnet den Logarithmus zur Basis 10 (Wertebereich für *x*: $x > 0$).

```
y:=Log10(100.0); (* ergibt 2.0 *)
```

LONGCARD

Datentyp

Eine Variable dieses Typs kann ganzzahlige Werte im Bereich 0..4'294'967'295 aufnehmen (32-Bit-Variable).

LONGINT

Datentyp

Eine Variable dieses Typs kann ganzzahlige Werte im Bereich -2'147'483'648..2'147'483'647 aufnehmen (32-Bit-Variable mit Vorzeichen).

LongJmp

Lib, AsmLib

LongJmp(VAR label:LongLabel; result:CARDINAL);

Springt zu der mit *SetJmp* markierten Stelle; *result* kann direkt von *SetJmp* abgefragt werden.

LONGREAL

Datentyp

Eine Variable dieses Typs kann eine gebrochene (reelle) Zahl im Bereich ±(2.3E-308 bis 1.7E308) aufnehmen (8 Bytes, 15 signifikante Stellen).

LongToBcd

MATHLIB

LongToBcd(A:LONGREAL):PackedBcd;

Wandelt den Parameter *x* vom Typ *LONGREAL* in einen *PackedBcd*-Typ um. Dieser ist wie folgt im Modul *MATHLIB* definiert:

```
PackedBcd=ARRAY [0..9] OF SHORTCARD;
```

Bei der Umwandlung werden die Kommastellen nicht berücksichtigt (siehe auch *BcdToLong*).

LONGWORD

Datentyp

Einer Variablen dieses Universal-Typs kann eine beliebige andere Variable zugeordnet werden, die 4 Bytes (2 Worte) umfaßt (*LONGINT*, *LONGCARD*, *REAL*, *ADDRESS*).

LOOP . END

Reserviertes Wort

Die beiden reservierten Worte *LOOP* und *END* umschließen eine Endlosschleife, die mit Hilfe von *EXIT* verlassen werden kann.

```
LOOP
  IO.WrStr('Quelldatei: '); IO.RdStr(qd);
  IF qd[0]=0C THEN EXIT END;
  IO.WrStr(' Zieldatei: '); IO.RdStr(zd);
  IF zd[0]=0C THEN EXIT END;
  CopyFile(qd,zd);
  IO.WrStr('Datei kopiert ...'); IO.WrLn;
  IO.WrLn
END;
IO.WrStr('Nun ist die Schleife beendigt ...');
```

MakeHeap

Storage

MakeHeap(seg:CARDINAL; groesse:CARDINAL):HeapRecPtr;

Ermöglicht das Erzeugen eines unabhängigen Heaps, der bei der Speicher-Adresse *[seg:0]* beginnt und *anz* Paragraphen (=16 Byte-Einheiten) umfaßt. Als Funktions-Ergebnis wird die Heap-Startadresse als Zeiger zurückgegeben und entspricht *[seg:0]*. Der Datentyp *HeapRecPtr* ist im Modul *Storage* wie folgt definiert:

```
HeapRecPtr=POINTER TO HeapRec;
HeapRec=RECORD
  size:CARDINAL;   (* Größe in Paragraphen *)
  next:HeapRecPtr
END;
```

Zu Beginn eines Programmes wird automatisch der Standard-Heap erzeugt (seine Startadresse ist in *Storage.MainHeap* festgehalten), der den gesamten freien Speicherplatz beansprucht.
Normalerweise wird ein mit *MakeHeap* erzeugter Heap innerhalb des Standard-Heaps abgelegt:

```
VAR
  teil:HeapRecPtr;
  temp:ADDRESS;
  segment:CARDINAL;
BEGIN
  HeapAllocate(MainHeap,temp,1024);  (* 16 KBytes *)
  segment:=SYSTEM.Seg(temp^);
  teil:=MakeHeap(segment,1024);
```

Match

Str

Match(hpt,maske:ARRAY OF CHAR):BOOLEAN;

Übergibt den Wert *TRUE*, wenn die Zeichenkette *maske* mit *hpt* übereinstimmt. *maske* kann die beiden Stellvertreterzeichen * (für beliebige Zeichenfolge) und ? (für beliebiges Zeichen) enthalten.

```
VAR
  ok:BOOLEAN;
BEGIN
  ok:=Match('Mittwoch','*tt*');  (* ok=TRUE *)
  ok:=Match('Meyer','M??er');    (* ok=TRUE *)
  ok:=Match('Müller','M*er');    (* ok=TRUE *)
  ok:=Match('Birne','Bir*ne');   (* ok=TRUE *)
```

Wie Sie erkennen, ist es erlaubt, den Stern * an beliebiger Stelle aufzuführen.

MathError

Lib

MathError(x:LONGREAL; msg:ARRAY OF CHAR);

Wird im Fehlerfall von folgenden Funktionen des Moduls *MATHLIB* aufgerufen:

```
ACos, ASin, Cos, Log, Log10, Sin, Sqrt, Tan
```

MathError gibt eine Fehlermeldung aus und bricht das laufende Programm ab.
Das Modul *MATHLIB* kennt die prozedurale Variable *MathError* (gleicher Name!), die wie folgt definiert ist:

```
MathError:PROCEDURE (LONGREAL,ARRAY OF CHAR);
```

Dieser Variablen kann eine eigene Routine zugeordnet werden (entsprechend dem Typ *MathError*), so daß bei ungültigen Parametern diese Fehler-Routine aufgerufen wird.

```
MODULE MathError_Test;
FROM MATHLIB IMPORT
  Sqrt,MathError;
IMPORT
  IO;
VAR
  lr:LONGREAL;
  err:BOOLEAN;

  PROCEDURE fehler1(x:LONGREAL; msg:ARRAY OF CHAR);
  BEGIN
    err:=TRUE
  END fehler1;

BEGIN
  MathError:=fehler1;
  LOOP
    err:=FALSE;
    lr:=IO.RdLngReal();
    IF lr=0.0 THEN EXIT END;
    lr:=Sqrt(lr);
    IF err THEN
      IO.WrStr('Ein Fehler ist aufgetreten ...')
    ELSE
      IO.WrLngReal(lr,10,1)
    END;
    IO.WrLn
  END
END MathError_Test.
```

MathError2 Lib

MathError2(x1,x2:LONGREAL; msg:ARRAY OF CHAR);

Wird im Fehlerfall von der Funktion *MATHLIB.ATan2* aufgerufen. *MATHLIB* definiert die prozedurale Variable *MathError2* (gleicher Name!) wie folgt:

```
MathError2:PROCEDURE (LONGREAL,LONGREAL,ARRAY OF CHAR);
```

Dieser Variablen kann eine eigene Routine zugeordnet werden (entsprechend dem Typ *MathError2*), so daß bei einer fehlerhaften Ausführung von *ATan2* diese Fehler-Routine aufgerufen wird (siehe Beispiel bei *MathError*).

MATHLIB Modul

TopSpeed Modula-2 verwendet für die mathematischen Funktionen automatisch den vorhandenen Coprozessor (80x87) oder emuliert diesen vollständig.

Trigonometrische und hyperbolische Funktionen:

`ACos, ASin, ATan, ATan2, Cos, CosH, Sin, SinH, Tan, TanH`

Logarithmen, Wurzeln, Exponential-Funktionen:

`Exp, Log, Log10, Mod, Pow, Rexp, Sqrt`

Coprozessor-Steuerung:

`ClearExceptions, LoadControlWord, StoreControlWord, StoreEnvironment`

Sonstige Routinen:

```
BcdToLong, LongToBcd
```

Vordefinierte Typen:

```
TYPE
  PackedBcd =ARRAY [0..9] OF SHORTCARD;
  Environment=RECORD
    ControlWord,StatusWord,TagWord:BITSET;
    IP,Opcode,DataPointer,R80287  :CARDINAL
  END;
```

Vordefinierte Variablen:

```
VAR
  MathError :PROCEDURE (LONGREAL,ARRAY OF CHAR);
  MathError2:PROCEDURE (LONGREAL,LONGREAL,ARRAY OF CHAR);
```

MAX

Standard-Funktion

MAX(num_typ):wie_argument;

Gibt den größten Wert eines numerischen Typs (siehe *TYPE*) zurück.

```
x:=MAX(CARDINAL);  (* x=65535                 *)
x:=MAX(REAL);      (* x=3.4028234663852884E+38 *)
```

MIN

Standard-Funktion

MIN(num_typ):wie_argument;

Gibt den kleinsten Wert eines numerischen Typs (siehe *TYPE*) zurück.

```
x:=MIN(INTEGER);   (* x=-32768                  *)
x:=MIN(LONGREAL);  (* x=-1.7976931348623158E+308 *)
```

MkDir

FIO

MkDir(name:ARRAY OF CHAR);

Erzeugt ein neues Directory (Verzeichnis) mit dem Namen *name*. Falls die Variable *FIO.IOcheck* den Wert *TRUE* enthält, wird ein Laufzeitfehler erzeugt, wenn *name* bereits existiert oder ungültig ist (siehe hierzu *IOresult*).

```
MkDir('C:\HOT\DOG');  (* Directory erzeugen          *)
MkDir('.\TEST');      (* Im aktuellen Directory ...  *)
MkDir('TEMP');        (* ... TEST oder TEMP erzeugen. *)
```

Mod

MATHLIB

Mod(x,y:LONGREAL):LONGREAL;

Subtrahiert *y* solange von *x*, bis ein Restbetrag *r* entsteht, für den gilt: $0 <= r < y$. Dieser Restbetrag wird als Ergebnis geliefert (eine Art Modulo-Funktion für reelle Werte).

```
r:=Mod(5.5,1.2);  (* ergibt 0.7 *)
r:=Mod(0.5,1.2);  (* ergibt 0.5 *)
```

MOD

Operator

i1 MOD *i2* ermittelt den Restbetrag, der bei der Division *i1* durch *i2* entsteht (siehe auch *DIV*). *i1* und *i2* können zu allen Integer- und Cardinal-Typen gehören.

```
7 MOD 2    =  1
(-7) MOD 2 = -1
```

MODULE

Reserviertes Wort

Leitet das Hauptprogramm oder ein lokales Modul ein. Dem Wort *MODULE* folgt ein Bezeichner, der den Namen des Hauptprogrammes oder des Moduls angibt. Das Ende eines Moduls wird mit *END*, dem Modulnamen, einem Strichpunkt (';', lokales Modul) oder einem Punkt ('.', Hauptprogramm) markiert.

```
MODULE <name>;
  (* IMPORT-Anweisungen                  *)
  (* TYPE-, CONST-, VAR-, LABEL-, ...    *)
  (* ... MODULE-, PROCEDURE-Deklarationen *)
BEGIN
  (* Programm-Anweisungen *)
END <name>.
```

Jedes Modul kann eine **Priorität** (in der MS-DOS-Welt ein etwas unglücklicher Ausdruck) erhalten. Diese wird in ekkigen Klammern hinter den Modul-Namen gesetzt und bestimmt, welche Interrupts (08H..0FH für PC und AT, 70H..77H nur AT) innerhalb des Moduls unterdrückt werden sollen (siehe auch *CurrentPriority* und *NewPriority*). Die angegebene Priorität (*CARDINAL*-Konstante) wird als Bitmuster interpretiert (9 entspricht dem binären Wert 1001, deshalb wird auch der erste (08H) und der vierte (0BH) Interrupt unterdrückt).

```
MODULE Test;
IMPORT IO;  (* für lokales Modul *)
VAR
  i:INTEGER;

  MODULE lokal[2];  (* unterdrückt Tastatur-Interrupt 09H *)
  IMPORT IO;
  EXPORT WriteLn;

    PROCEDURE WriteLn(i:INTEGER);
    BEGIN
      IO.WrInt(i,1);
      IO.WrLn
    END WriteLn;

  BEGIN
    (* Hier könnten gewisse Werte initialisiert werden.   *)
    (* Dieser Block wird nur ein einziges Mal ausgeführt. *)
  END lokal;

BEGIN
  FOR i:=1 TO 10 DO WriteLn(i) END
END Test.
```

Variablen, die in einem lokalen Modul deklariert werden, sind statisch; d.h. sie behalten ihren Wert bei, wenn das lokale Modul verlassen wird.

Monitor

ProcTrace

Monitor(VAR w:WORD);

Speichert Inhalt und Adresse einer 16-Bit-Variablen (*INTEGER*, *CARDINAL*, *BITSET*, *WORD*) in den folgenden beiden Variablen (im Modul *ProcTrace* definiert):

```
VAR
  MonWrd:WORD;     (* Variablen-Inhalt  *)
  MonAdr:ADDRESS;  (* Variablen-Adresse *)
```

Mit der Prozedur *Check* kann geprüft werden, ob sich der mit *Monitor* markierte Variablen-Inhalt verändert hat:

```
VAR
  b:BITSET;
BEGIN
  b:={1..3,7};
  Monitor(b);
  Check('Variable <b> verändert');  (* wird nicht angezeigt *)
  b:={3,5,7};
  Check('Variable <b> verändert');  (* wird angezeigt       *)
```

Move

Lib, AsmLib

Move(quelle,ziel:ADDRESS; anz:CARDINAL);

Kopiert direkt im Speicher *anz* Bytes von *quelle* nach *ziel* (siehe auch *WordMove*).

NEW

Standard-Prozedur

NEW(VAR p:ADDRESS);

Reserviert auf dem Standard-Heap einen Speicherbereich geeigneter Größe (entspricht *ALLOCATE(p,SIZE(p));*). Bitte beachten Sie, daß *ALLOCATE* (Modul *Storage*) bei der Verwendung von *NEW* importiert werden muß.

NewPriority

SYSTEM

NewPriority(prior:CARDINAL);

Setzt die Priorität des aktuellen Moduls neu. Der Parameter *prior* ist als Bitmuster zu interpretieren (siehe auch *MODULE*).

NEWPROCESS

SYSTEM

NEWPROCESS(p:PROC; work:ADDRESS; size:CARDINAL; VAR p1:ADDRESS);

Erzeugt einen Prozeß (parameterlose Prozedur *p*) und ordnet ihm einen Arbeitsbereich von *size* Bytes (Mindestgröße 1 KByte) zu, der bei der Adresse *work* beginnt. Der Parameter *p1* liefert eine Referenz des Prozesses zurück. *NEWPROCESS* startet *p* noch nicht (siehe hierzu *TRANSFER*).

NIL

Konstante

Ein konstanter Zeigerwert, der zu allen Zeigervariablen kompatibel ist. *NIL* wird einer Zeigervariablen zugeordnet, um zu signalisieren, daß diese auf keinen Wert zeigt.

NoSound

Lib, AsmLib

NoSound;

Schaltet den Tongenerator ab, der zuvor mit *Sound* eingeschaltet worden ist.

NOT (~)

Operator

Negiert einen *BOOLEAN*-Wert nach folgender Tabelle (logisches NICHT):

o1	NOT o1
TRUE	FALSE
FALSE	TRUE

NOT (oder ~) wird meist bei Tests verwendet (z.B. *WHILE NOT ende DO ...*).
Ein arithmetisches NICHT (bitweises Negieren, wobei *1=TRUE* und *0=FALSE*) kann mit Hilfe des Typs *BITSET* verwirklicht werden (siehe auch *SET OF*):

```
PROCEDURE bitNOT(a:WORD):WORD;
BEGIN
  RETURN {0..15}-BITSET(a)
END bitNOT;
```

Notify

Process

Notify(s:SIGNAL);

Sendet das Signal *s*, wenn mindestens ein Prozeß auf dieses wartet. Der laufende Prozeß darf beim Aufruf von *Notify* nicht gesperrt sein (siehe auch *Init* und *Lock*).

NULLPROC

Konstante

Diese Konstante kann allen prozeduralen Variablen zugeordnet werden, um zu signalisieren, daß diese keine ausführbare Prozedur oder Funktion enthält.

```
VAR
  beep:PROCEDURE(CARDINAL);
  calc:PROCEDURE(LONGREAL):LONGREAL;
BEGIN
  beep:=NULLPROC;
  ...
  IF calc=NULLPROC THEN calc:=MATHLIB.Tan END;
```

ObscuredAt

Window

ObscuredAt(w:WinType; x,y:RelCoord):BOOLEAN;

Liefert den Wert *TRUE*, wenn das Fenster *w* an der Stelle *(x,y)* (bezüglich Fenster *w*) von anderen Fenstern verdeckt wird.

ODD

Standard-Funktion

ODD(x):BOOLEAN;

Gibt *TRUE* zurück, wenn die Ordnungs-Zahl des Argumentes *x* (alle ordinalen Typen sind erlaubt, siehe *TYPE*) ungerade ist.

Ofs

SYSTEM

Ofs(a:ARRAY OF WORD):CARDINAL;

Liefert den Offset-Teil der Adresse des Parameters *a*; diesem kann eine Variable oder eine Prozedur (Funktion) übergeben werden (siehe auch *ADR* und *Seg*).

Open

FIO

Open(name:ARRAY OF CHAR):File;

Öffnet die Datei *name* und ordnet ihr einen Zahlenwert (Kanalnummer) zu. Dieser wird als Funktionsergebnis zurückgegeben und muß bei weiteren Datei-Routinen angegeben werden (falls *FIO.IOcheck* den Wert *FALSE* enthält, wird bei einem Fehler der Wert *MAX(CARDINAL)* zurückgegeben; siehe auch *IOresult*). Der Typ *File* ist wie folgt im Modul *FIO* definiert:

```
File=CARDINAL;
```

Eine Datei, die noch nicht existiert, muß mit *Create* eröffnet werden.

Open

Window

Open(def:WinDef):WinType;

Erzeugt ein Fenster mit den in *def* enthaltenen Daten (siehe auch *PaletteOpen*). Der Datentyp *WinDef* ist wie folgt definiert (weitere Datentypen siehe *Window*):

```
WinDef=RECORD
  X1,Y1,              (* linke obere Ecke   *)
  X2,Y2:AbsCoord;     (* rechte untere Ecke *)
  Foreground,         (* Zeichenfarbe       *)
  Background:Color;   (* Hintergrundfarbe   *)
  CursorOn,           (* Cursor sichtbar?   *)
  WrapOn,             (* Zeilenumbruch ein? *)
  Hidden,             (* Fenster sichtbar?  *)
  FrameOn:BOOLEAN;    (* Rahmen sichtbar?   *)
  FrameDef:FrameStr;  (* Rahmen-Art         *)
  FrameFore,          (* Rahmen-Farbe       *)
  FrameBack:Color;    (* Rahmen-Hintergrund *)
END;
```

Als Funktionsergebnis wird ein Zeigerwert vom Typ *WinType* zurückgegeben, der später zur Identifikation des

Fensters benötigt wird. Das mit *Open* erzeugte Fenster ist aktiv, d.h. alle Ausgaben werden in dieses geschrieben.

```
MODULE Open_Test;
FROM Window IMPORT
  WinType,WinDef,White,Black,SingleFrame,Open,Close;
IMPORT
  IO,Lib;
VAR
  w:WinType;
  i:INTEGER;
  ch:CHAR;
BEGIN
  w:=Open(WinDef(0,0,79,24,
                White,Black,
                TRUE,TRUE,FALSE,TRUE,
                SingleFrame,White,Black));
  FOR i:=1 TO 2000 DO
    IO.WrChar(CHR(Lib.RANDOM(26)+65))
  END;
  ch:=IO.RdKey();
  Close(w)
END Open_Test.
```

Wichtig: Mit der Prozedur *AsmLib.InitScreenType* lassen sich mögliche Bildschirmstörungen ("Schnee") bei der Textausgabe verhindern.

OR

Operator

Verknüpft zwei *BOOLEAN*-Werte miteinander (logisches ODER) und liefert einen Wert aufgrund der vordefinierten Logiktabelle:

o1	o2	o1 OR o2
TRUE	TRUE	TRUE
TRUE	FALSE	TRUE
FALSE	TRUE	TRUE
FALSE	FALSE	FALSE

OR wird meist bei Verknüpfungen von Tests verwendet (z.B. *IF (a=b) OR (b=c) THEN ...*).
Ein arithmetisches ODER (bitweises Verknüpfen, wobei *1=TRUE* und *0=FALSE*) kann mit Hilfe des Typs *BITSET* erreicht werden (siehe auch *SET OF*):

```
PROCEDURE bitOR(a,b:WORD):WORD;
BEGIN
  RETURN BITSET(a)+BITSET(b)
END bitOR;
```

TopSpeed Modula-2 kennt **kein** logisches XOR (EXKLUSIV-ODER oder ENTWEDER-ODER), es läßt sich jedoch leicht nachbilden. Für *BOOLEAN*-Werte entspricht *o1 XOR o2*:

```
a) (o1 <> o2)
b) (o1 OR o2) AND NOT(o1 AND o2)
```

Die Logiktabelle von XOR sieht wie folgt aus:

o1	o2	o1 XOR o2
TRUE	TRUE	FALSE
TRUE	FALSE	TRUE
FALSE	TRUE	TRUE
FALSE	FALSE	FALSE

Ein arithmetisches XOR läßt sich folgendermaßen verwirklichen:

```
PROCEDURE bitXOR(a,b:WORD):WORD;
BEGIN
  RETURN BITSET(a)/BITSET(b)
END bitXOR;
```

ORD

Standard-Funktion

ORD(x):CARDINAL;

Ermittelt die Ordnungs-Zahl des Argumentes *x* (alle ordinalen Typen sind erlaubt, siehe *TYPE*).

```
TYPE
  farbe=(rot,gelb,gruen,blau);
VAR
  c:CARDINAL;
BEGIN
  c:=ORD(rot);  (* c=0  *)
  c:=ORD('A');  (* c=65 *)
  c:=ORD(TRUE); (* c=1  *)
```

Out

SYSTEM

Out(p:CARDINAL; x:SHORTCARD);

Schreibt den Wert *x* in den Datenport *p* (siehe auch *In*).

PaletteColor

Window

PaletteColor():PaletteRange;

Stellt die aktuelle Farb-Palette des aktiven Fensters zur Verfügung (*PaletteRange* siehe *Window*).

PaletteColorUsed

Window

PaletteColorUsed(w:WinType; p:PaletteRange):BOOLEAN;

Liefert den Wert *TRUE*, wenn innerhalb des Fensters *w* der Paletten-Eintrag mit der Nummer *p* verwendet wird. *PaletteRange* ist wie folgt definiert (*WinType* siehe *Window*):

```
PaletteSize =10;
PaletteMax  =PaletteSize-1;
PaletteRange=SHORTCARD [0..PaletteMax];  (* kurz: 0..9 *)
```

PaletteOpen

Window

PaletteOpen(def:WinDef; pal:PaletteDef):WinType;

Erzeugt ein Fenster mit den in *def* und *pal* enthaltenen Daten (siehe auch *Window.Open*). Der Datentyp *WinDef* ist wie folgt definiert (weitere Datentypen siehe *Window*):

```
WinDef=RECORD
  X1,Y1,               (* linke obere Ecke    *)
  X2,Y2:AbsCoord;      (* rechte untere Ecke *)
  Foreground,          (* (siehe unten)       *)
  Background:Color;    (* (siehe unten)       *)
  CursorOn,            (* Cursor sichtbar?    *)
  WrapOn,              (* Zeilenumbruch ein? *)
  Hidden,              (* Fenster sichtbar?   *)
  FrameOn:BOOLEAN;     (* Rahmen sichtbar?    *)
  FrameDef:FrameStr;   (* Rahmen-Art          *)
  FrameFore,           (* (siehe unten)       *)
  FrameBack:Color;     (* (siehe unten)       *)
END;
```

Ein mit *PaletteOpen* geöffnetes Fenster kann insgesamt 10 verschiedene Kombinationen von Vordergrund- und Hintergrundfarben verwenden (Parameter *pal*). Der hierzu notwendige Datentyp *PaletteDef* ist wie folgt definiert (*Color* siehe *Window*):

```
PaletteSize     =10;
PaletteMax      =PaletteSize-1;
PaletteRange    =SHORTCARD [0..PaletteMax];
PaletteColorDef=RECORD Fore,Back:Color END;
PaletteDef      =ARRAY PaletteRange OF PaletteColorDef;
```

Standardmäßig wird der Fensterinhalt mit den Farben des Paletten-Eintrags 0 (also *pal[0]* oder *pal[NormalPaletteColor]*) und der Fensterrahmen mit denjenigen des Eintrags 1 (also *pal[1]* oder *pal[FramePaletteColor]*) geschrieben. Die aktuelle Zeichen- und Hintergrundfarbe läßt sich mit *SetPaletteColor* verändern.
Wichtig: Mit der Prozedur *AsmLib.InitScreenType* lassen sich mögliche Bildschirmstörungen ("Schnee") bei der Textausgabe verhindern.

PalXlat

AsmLib

PalXlat(von:ADDRESS; nach:ADDRESS; len:CARDINAL; pal:ADDRESS);

Wird von der Fensterverwaltung verwendet (im Zusammenhang mit Fenstern, die eine Farbpalette verwenden, siehe *PaletteOpen*).

ParamCount

Lib, AsmLib

ParamCount():CARDINAL;

Ermittelt die Anzahl der vorliegenden Parameter, die einem Programm beim Start übergeben worden sind (Funktionsergebnis ist 0, wenn kein Parameter vorliegt).

ParamStr

Lib, AsmLib

ParamStr(VAR s:ARRAY OF CHAR; nr:CARDINAL);

Stellt den Programm-Parameter (beim Starten des .EXE-Programmes angegeben) *nr* mit Hilfe von *s* zur Verfügung (gültiger Bereich für *nr*: *1..ParamCount()*). Alle Parameter stehen auch in der Zeigervariablen *CommandLine* (siehe dort) zur Verfügung.

Plot

Graph

Plot(x,y:CARDINAL; farbe:CARDINAL);

Setzt an der Stelle *(x,y)* einen Graphik-Punkt in der Farbe *farbe* (*farbe* liegt im Bereich *0..(Graph.NumColor-1)*; siehe auch *Init<karte>*).

Point

Graph

Point(x,y:CARDINAL):CARDINAL;

Ermittelt die Farbe des Punktes *(x,y)* und gibt diese als Funktionsergebnis zurück (der Bereich des Funktionsergebnisses liegt zwischen *0..(Graph.NumColor-1)* und ist von der gewählten Bildschirm-Karte abhängig; siehe hierzu *Init<karte>*).

POINTER

Reserviertes Wort

Definiert einen Zeiger-Typ oder eine Zeiger-Variable (siehe auch *ALLOCATE* und *New*).

```
TYPE
  treeptr=POINTER TO tree;
  tree=RECORD
    left,right:treeptr;
    element:LONGINT
  END;
VAR
  kopf:treeptr;
  r:POINTER TO REAL;  (* Zeigervariable vom Typ REAL *)
```

```
BEGIN
  NEW(r);       (* r  enthält Speicheradresse *)
  r^:=3.14159;  (* r^ enthält Zahlenwert      *)
  NEW(kopf);
  kopf^.left:=NIL; kopf^.right:=NIL;
  kopf^.element:=1234;
```

Polygon

Graph

Polygon(n:CARDINAL; xp,yp:ARRAY OF CARDINAL; fuellfarbe:CARDINAL);

Zeichnet ein mit *fuellfarbe* (siehe *HLine*) gefülltes Vieleck mit *n* Ecken. Die beiden Parameter *xp* und *yp* enthalten die Koordinaten der einzelnen Eckpunkt. Der Linienzug wird immer geschlossen, auch dann, wenn die Koordinaten des ersten und des letzten Punktes nicht übereinstimmen (siehe auch *Init<karte>* und *GraphMode*).

```
MODULE Polygon_Test;
IMPORT
  Graph,IO,Lib;
CONST
  max=5;  (* Anzahl Ecken *)
VAR
  xp,yp:ARRAY [0..max-1] OF CARDINAL;
  i:INTEGER;
  ch:CHAR;
BEGIN
  Graph.GraphMode;  (* CGA-Modus *)
  REPEAT
    FOR i:=0 TO max-1 DO
      xp[i]:=Lib.RANDOM(Graph.Width);
      yp[i]:=Lib.RANDOM(Graph.Depth)
    END;
    Graph.Polygon(max,xp,yp,Lib.RANDOM(16))
  UNTIL IO.KeyPressed();
  ch:=IO.RdKey();
  Graph.TextMode
END Polygon_Test.
```

Pos

Str, AsmLib

Pos(hpt,teil:ARRAY OF CHAR):CARDINAL;

Sucht die Zeichenkette *teil* in *hpt* und gibt bei erfolgreicher Suche die Position der Fundstelle bekannt (0 entspricht dem ersten Zeichen); bei erfolgloser Suche wird *MAX(CARDINAL)* zurückgegeben.

Pow

MATHLIB

Pow(x,y:LONGREAL):LONGREAL;

Berechnet *x* "hoch" *y*. Falls *y* der Wert *1/z* übergeben wird, ermittelt *Pow* die *z*-te "Wurzel" von *x*.

```
r:=Pow(2.0,4.0);        (* ergibt 16.0 *)
r:=Pow(36.0,1.0/2.0);   (* ergibt 6.0  *)
```

PROC

Datentyp

Einer Variablen dieses Typs kann eine parameterlose Prozedur zugeordnet werden. *PROC* ist wie folgt definiert:

```
TYPE
  PROC=PROCEDURE;
```

Bei *PROCEDURE* erhalten Sie mehr Informationen über prozedurale Typen.

PROCEDURE

Reserviertes Wort

Leitet die Definition einer Prozedur oder Funktion ein (prozedurale Variablen werden am Schluß dieses Begriffs erläutert). *PROCEDURE* folgt ein Bezeichner, der den Namen der Prozedur oder Funktion angibt. Eine optionale Parameterliste definiert die Werte und deren Datentypen, die beim Aufruf übergeben und am Ende wieder zurückgegeben werden sollen (die Parameterliste steht in Klammern). Bei einer Funktion wird der Typ des Ergebnisses hinter die Parameterliste geschrieben (bitte beachten Sie, daß dem Namen einer Funktion das Klammenpaar '()' folgen muß, wenn sie keine Parameter verwendet).

```
PROCEDURE Beep(anz:CARDINAL);                (* Prozedur *)
PROCEDURE Inc(VAR r:REAL);                   (* Prozedur *)
PROCEDURE Upper(VAR s:ARRAY OF CHAR);        (* Prozedur *)
PROCEDURE Pruef(a,b:CARDINAL):INTEGER;       (* Funktion *)
```

Falls einem Parameter das reservierte Wort *VAR* vorangestellt wird, handelt es sich um einen Ein- und Ausgabe-Parameter (Variablen-Parameter), andernfalls nur um einen Eingabe-Parameter (Wert-Parameter). Ein Funktionsergebnis wird mit *RETURN* zurückgegeben (mit *RETURN* kann auch jede Prozedur frühzeitig verlassen werden).
Offene Arrays (wie bei *Upper*) ermöglichen die Übergabe eines Arrays mit einer variablen Anzahl von Elementen (*s[0]* bezeichnet das erste, *HIGH(s)* das letzte Element).
Das Ende einer Prozedur oder Funktion wird mit dem reservierten Wort END, dem Routinen-Namen und einem Strichpunkt (;) markiert.
Variablen, Konstanten, Typen und Prozeduren/Funktionen, die in einer Prozedur/Funktion definiert werden, sind lokal, d.h. nur innerhalb der definierenden Prozedur/Funktion bekannt.
Ein Parameter kann innerhalb der Prozedur oder Funktion wie eine (lokale) Variable verwendet werden.

```
PROCEDURE Beep(anz:CARDINAL);                (* Prozedur *)
VAR
  i:CARDINAL;
BEGIN
  FOR i:=1 TO anz DO IO.WrChar(7C) END
END Beep;

PROCEDURE Inc(VAR r:REAL);                   (* Prozedur *)
BEGIN
  r:=r+1.0
END Inc;

PROCEDURE Upper(VAR s:ARRAY OF CHAR);        (* Prozedur *)
VAR
  i:CARDINAL;
BEGIN
  FOR i:=0 TO HIGH(s) DO s[i]:=CAP(s[i]) END
END Upper;
```

```
PROCEDURE Pruef(a,b:CARDINAL):INTEGER;  (* Funktion *)
BEGIN
  IF a<b THEN
    RETURN -1
  ELSIF a>b THEN
    RETURN 1
  ELSE
    RETURN 0
  END
END Pruef;
```

Eine Prozedur oder Funktion wird mit Hilfe des zugehörigen Namens aufgerufen, wobei die nötigen Parameter zwischen Klammern gesetzt werden (zwischen den einzelnen Parametern steht ein Komma).

```
VAR
  i:INTEGER;
  wert:REAL;
  wort:ARRAY [0..20] OF CHAR;
  ...
BEGIN
  wert:=3.14159;
  wort:='rechner';
  Beep(2);
  Inc(wert);         (* wert=4.14159   *)
  Upper(wort);       (* wort='RECHNER' *)
  i:=Pruef(3,4);     (* i=-1           *)
```

Prozedurale Variablen: Es ist unter Modula-2 möglich, einer Variablen eine Prozedur oder Funktion zuzuordnen. Eine solche Variablen-Deklaration sieht wie folgt aus:

```
TYPE
  alarm=PROCEDURE;
VAR
  klingel:PROCEDURE(CARDINAL);
  upper:PROCEDURE(VAR ARRAY OF CHAR);
  install:PROCEDURE(CARDINAL,alarm):BOOLEAN;
  calc:PROCEDURE(LONGREAL):LONGREAL;
```

Dem reservierten Wort *PROCEDURE* folgt die Parameterliste, wobei nur die Datentypen der einzelnen Parameter angegeben werden. Bei einer Funktion wird diese Deklaration mit dem Typ des Funktionsergebnisses abgeschlossen.

```
FOR i:=0 TO 2 DO
  CASE i OF
    0: calc:=MATHLIB.Sin;    (* Eine dieser drei ...     *)
  | 1: calc:=MATHLIB.Cos;    (* ... Funktionen wird ... *)
  | 2: calc:=MATHLIB.Tan     (* ... <calc> zugeordnet.  *)
  END;
  IO.WrLngReal(calc(1.12),10,1);  (* Funktion ausführen *)
  IO.WrLn
END;
```

Bitte beachten Sie, daß Prozeduren und Funktionen, die prozeduralen Variablen zugeordnet werden sollen, immer als *far* definiert sein müssen (Compilerbefehl **F**).

Process

Modul

Dieses Modul stellt einen Prozeß-Verwalter zur Verfügung, der automatisch zwischen den einzelnen Prozessen hin- und herschaltet. Jedem Prozeß kann ein eigenes Ausgabefenster zugeordnet werden (siehe Modul *Window*).

Start- und Steuer-Routinen:

```
StartProcess, StartScheduler, StopScheduler
```

Sperr- und Verzögerungs-Routinen:

```
Delay, Lock, Unlock
```

Signal-Verarbeitung (Synchronisation):

```
Awaited, Init, Notify, SEND, WAIT
```

Vordefinierter Typ (undurchsichtig):

```
TYPE
  SIGNAL;
```

ProcTrace

Modul

Dieses Modul ermöglicht das Beobachten von Prozedur-Aufrufen und kann bei der Fehlersuche wertvolle Hilfe leisten.

```
Check, Get_Name, GetCsIp, Install, Monitor
```

Vordefinierter Typ:

```
TYPE
  Name=ARRAY [0..30] OF CHAR;
```

Vordefinierte Variablen:

```
VAR
  Entry,          (* Werden beim Eintreten und Ver- ...  *)
  Exit:PROC;      (* ... lassen einer Routine aufgerufen. *)
  MonAdr:ADDRESS; (* Adresse der Beobacht-Variablen      *)
  MonWrd:WORD;    (* Inhalt der Beobacht-Variablen       *)
```

PSP

Lib, AsmLib

VAR PSP:CARDINAL;

Enthält den Segment-Teil der Adresse, bei der das Programmsegment-Präfix beginnt; dieses dient zur Kommunikation zwischen Programm und MS-DOS und umfaßt 256 Bytes. Folgende Daten sind beispielsweise im Programmsegment-Präfix enthalten:

- Parameter, die dem Programm beim Start übergeben werden (*[PSP:80H]*, 128 Bytes)
- Adresse der Environment-Tabelle (*[PSP:2CH]*, 2 Bytes; entspricht dem Segment-Teil)
- Adresse des freien Speicherplatzes (*[PSP:02H]*; 2 Bytes; entspricht dem Segment-Teil)

PutBeneath

Window

PutBeneath(w:WinType; wa:WinType);

Legt das Fenster *wa* über das Fenster *w* (Datentypen siehe *Window*). Die Ausgabe wird erst mit *Use* oder *PutOnTop* in das gewünschtes Fenster geleitet.

PutOnTop

Window

PutOnTop(w:WinType);

Legt das Fenster *w* zuoberst auf den Fenster-Stapel und wird (wenn nötig) sichtbar gemacht (somit wird es von keinem anderen Fenster mehr verdeckt). Alle Ausgaben werden in dieses Fenster geschrieben (siehe aber auch *Use*).

QSort

Lib

QSort(n:CARDINAL; less:CompareProc; swap:SwapProc);

Sortiert mit Hilfe des Quick-Sorts beliebige Werte (Zahlen, Zeichenketten ...). Der Quick-Sort ist äußerst schnell, jedoch benötigt er aufgrund rekursiver Aufrufe zusätzlichen Speicherplatz (im Gegensatz zum Heap-Sort). Weitere Informationen erhalten Sie bei *HSort*.

QUALIFIED

Reserviertes Wort

Bewirkt, daß ein exportierter Bezeichner (siehe *EXPORT*) nur in qualifizierter Schreibweise benutzt werden kann (d.h. dem Bezeichner muß der Modul-Name und ein Punkt vorangestellt werden). Bitte beachten Sie, daß der Export innerhalb eines Moduls einheitlich sein muß (entweder *EXPORT* oder *EXPORT QUALIFIED*, nicht aber beides).

RAND

Lib

RAND():REAL;

Übergibt eine reelle Zufallszahl *r* (Wertebereich für *r*: *0.0 <= r < 1.0*). Der Zufallszahlen-Generator kann mit *RANDOMIZE* in einen unbekannten Zustand gebracht werden.

RANDOM

Lib

RANDOM(bereich:CARDINAL):CARDINAL;

Übergibt eine ganzzahlige Zufallszahl *x* (Wertebereich für *x*: *0 <= x < bereich* (wenn *x>0*); *0 <= x < 65536* (wenn *x=0*)). Der Zufallszahlen-Generator kann mit *RANDOMIZE* in einen unbekannten Zustand gebracht werden.

```
wurf:=RANDOM(6)+1;  (* erzeugt einen Wert im Bereich 1..6 *)
```

RANDOMIZE

Lib

RANDOMIZE;

Setzt den Zufallszahlen-Generator in einen unbekannten Zustand. Dies ist bei hohen Ansprüchen an die Zufälligkeit oft wünschenswert. Falls *RANDOMIZE* nicht verwendet wird, erzeugen *RAND* und *RANDOM* bei jedem Programm-Start dieselben Zufallszahlen (was durchaus nützlich und erwünscht sein kann).

Rd<typ>

FIO

RdBool(f:File):BOOLEAN;
RdCard(f:File):CARDINAL;
RdChar(f:File):CHAR;
RdHex(f:File):CARDINAL;
RdInt(f:File):INTEGER;
RdLngCard(f:File):LONGCARD;
RdLngHex(f:File):LONGCARD;
RdLngInt(f:File):LONGINT;
RdLngReal(f:File):LONGREAL;
RdReal(f:File):REAL;
RdShtCard(f:File):SHORTCARD;
RdShtHex(f:File):SHORTCARD;
RdShtInt(f:File):SHORTINT;

Liest von der Datei *f* eine Zeichenkette ein und wandelt diese in den angegebenen Funktionstyp um. Vor dem Lesen eines Wertes werden zuerst alle Trennzeichen übersprungen. Anschließend liest *Rd<typ>* solange in der Datei *f*, bis wiederum ein Trennzeichen auftaucht (gültige Trennzeichen sind in der Variablen *FIO.Separators* definiert; Standard-Trennzeichen sind *CR*, *LF*, *TAB*, *Ctrl-Z* und *Leerzeichen*).
Nach einem erfolgreichen Lesen enthält die Variable *FIO.OK* den Wert *TRUE*, andernfalls *FALSE*. Wenn die Variable *FIO.EOF* nach einem Lesen den Wert *TRUE* enthält, ist das Dateiende erreicht.

Rd<typ>

IO

RdBool():BOOLEAN;
RdCard():CARDINAL;
RdChar():CHAR;
RdHex():CARDINAL;
RdInt():INTEGER;
RdLngCard():LONGCARD;
RdLngHex():LONGCARD;
RdLngInt():LONGINT;
RdLngReal():LONGREAL;
RdReal():REAL;
RdShtCard():SHORTCARD;
RdShtHex():SHORTCARD;
RdShtInt():SHORTINT;

Liest von der Tastatur eine Zeichenkette ein, die (dem Funktionstyp entsprechend) in den gewünschten Datentyp umgewandelt wird. Nach einem erfolgreichen Lesen enthält die Variable *IO.OK* den Wert *TRUE*, andernfalls *FALSE*.
Wenn die Variable *IO.Prompt* den Wert *TRUE* enthält (entspricht dem Standard), wird vor dem Einlesen ein Fragezeichen ('?') ausgegeben.
In einer Zeile können mehrere Werte eingegeben werden (jeder Wert muß einzeln mit *Rd<typ>* eingelesen werden; siehe auch *EndOfRd*); als Trennzeichen werden dabei die in der Variablen *IO.Separators* gespeicherten Zeichen akzeptiert (Standard-Trennzeichen sind *CR*, *LF*, *TAB*, *Ctrl-Z* und *Leerzeichen*). Die einem Wert vorangestellten Trennzeichen werden ignoriert.
Mit der Prozedur *RedirectInput* kann die Eingabe-Einheit umdefiniert werden.

RdBin

FIO

RdBin(f:File; VAR pu:ARRAY OF BYTE; anz:CARDINAL):CARDINAL;

Liest *anz* typenlose Bytes der Datei *f* und speichert diese in der Puffervariablen *pu*. Als Funktionsergebnis wird die wirklich gelesene Anzahl Bytes zurückgegeben. Folgendes Programm-Fragment kopiert eine Datei:

```
CONST
  max=2048;
VAR
  q,z:FIO.File;
  gel:CARDINAL;
  pu:ARRAY [1..max] OF BYTE;
BEGIN
  q:=FIO.Open('QUELLE.TXT');
  z:=FIO.Create('ZIEL.TXT');
  REPEAT
    gel:=FIO.RdBin(q,pu,max);
    FIO.WrBin(z,pu,max)
  UNTIL gel<>max;
```

RdBufferLn

Window

RdBufferLn(w:WinType; x,y:RelCoord; wohin:ADDRESS; len:CARDINAL);

Liest innerhalb des Fensters *w*, bei der Stelle *(x,y)* beginnend, *len* Worte (=2 Bytes) und übergibt diese der Variablen, die sich bei der Adresse *wohin* befindet (da im Fensterpuffer gelesen wird, treten keine Bildschirmstörungen auf). Ein einzelnes gelesenes Wort besteht aus dem eigentlichen Bildschirmzeichen und dem dazugehörigen Farb-Attribut; aus diesem Grund kann die gelesene Zeile nicht ohne weiteres mit *IO.WrStr* oder *DirectWrite* geschrieben werden (verwenden Sie hierzu *WrBufferLn*).

```
VAR
  pu:ARRAY [1..10] OF WORD;
  w:Window.WinType;
  d:Window.WinDef;
BEGIN
  (* hier <d> initialisieren *)
  w:=Window.Open(d);
  IO.WrStr('Grüß den Nachbarn ...');
  Window.RdBufferLn(w,1,1,ADR(pu),10);
```

RdItem FIO

RdItem(f:File; VAR x:ARRAY OF CHAR);

Liest in der Datei *f* solange Zeichen, bis ein Trennzeichen auftaucht (siehe hierzu *FIO.Rd<typ>*). Die gelesenen Zeichen werden als Zeichenkette zurückgegeben (Parameter *x*). Befindet sich der Dateizeiger zu Beginn bereits auf einem Trennzeichen, wird dieser solange nach vorne verschoben, bis er auf kein Trennzeichen mehr zeigt.
Wenn die Variable *FIO.EOF* nach einem Lesen den Wert *TRUE* enthält, ist das Dateiende erreicht. *FIO.RdStr* liest im Gegensatz zu *RdItem* immer eine ganze Datei-Zeile ein.

RdItem IO

RdItem(VAR x:ARRAY OF CHAR);

Liest solange Zeichen von der Tastatur, bis ein Trennzeichen auftaucht (siehe hierzu *IO.Rd<typ>*). Die gelesenen Zeichen werden mit Hilfe des Parameters *x* zurückgegeben (siehe auch *IO.RdStr*).

RdKey IO

RdKey():CHAR;

Wenn sich ein Zeichen im Tastatur-Puffer befindet (*KeyPressed* liefert *TRUE*), wird dieses von der Funktion *RdKey* eingelesen; andernfalls wartet *RdKey*, bis Sie eine Taste drücken. Das eingelesene Zeichen wird nicht am Bildschirm angezeigt.

RdLn IO

RdLn;

Eine Lesefunktion (*Rd<typ>* und andere) liest bei einem Aufruf nur einen einzelnen Wert ein, auch dann, wenn mehrere Werte eingegeben werden (sie werden im Eingabepuffer zwischengespeichert). Diese können zu einem späteren Zeitpunkt mit weiteren Lesefunktionen eingelesen werden.

Mit Hilfe der Prozedur *RdLn* kann der Eingabepuffer gelöscht werden.

RdStr FIO

RdStr(f:File; VAR s:ARRAY OF CHAR);

Liest in der Datei *f* solange Zeichen, bis eines der Zeichen *CR* (*=CHR(13)*) oder *Ctrl-Z* (*=CHR(26)* für Dateiende) auftaucht. Die gelesenen Zeichen werden als Zeichenkette zurückgegeben (Parameter *s*) und entsprechen einer Text-Zeile (die aus mehreren Wörtern besteht; siehe auch *FIO.RdItem*).
Wenn die Variable *FIO.EOF* nach einem Lesen den Wert *TRUE* enthält, ist das Dateiende erreicht.

RdStr IO

RdStr(VAR x:ARRAY OF CHAR);

Liest solange Zeichen ein, bis Sie die RETURN-Taste drücken (die Zeichenkette wird hierbei mit *CHR(0)* abgeschlossen) oder die Länge von *x* (*HIGH(x)*) überschritten wird. Im Gegensatz zu *RdStr* liest *IO.RdItem* einzelne Wörter ein.

ReadFirstEntry FIO

**ReadFirstEntry(maske:ARRAY OF CHAR; attr:FileAttr;
VAR erg:DirEntry):BOOLEAN;**

Sucht eine Datei auf dem Datenträger. Der Parameter *maske* enthält den zu suchenden Dateinamen, dem ein Laufwerksname und/oder ein Suchpfad vorangestellt werden kann. Die beiden Stellvertreterzeichen * und ? dürfen verwendet werden.
Der Parameter *attr* legt fest, nach welcher Art Dateieintrag gesucht werden soll (z.B. Verzeichnis, Diskettennamen, Systemdatei ...).
Die Datentypen *FileAttr*, *PathTail* und *DirEntry* sind folgendermaßen im Modul FIO definiert:

```
FileAttr=SET OF (readonly,hidden,system,
                 volume,directory,archive);
PathTail=ARRAY [0..12] OF CHAR;
DirEntry=RECORD
  rsvd:ARRAY [0..20] OF SHORTCARD;  (* reserviert     *)
  attr:FileAttr;                    (* Dateiattribut  *)
  time,date:CARDINAL;               (* Zeit und Datum *)
  size:LONGCARD;                    (* Dateigröße     *)
  Name:PathTail                     (* Dateiname      *)
END;
```

Nach einer erfolgreichen Suche (Funktionsergebnis *TRUE*) enthält *erg* die Daten des gesuchten Datei-Eintrages:

```
VAR
  ok:BOOLEAN;
  erg:DirEntry;
BEGIN
  ok:=ReadFirstEntry('C:*.*',FileAttr{directory,archive},erg);
  IO.WrStr(erg.Name);
```

Weitere Dateieinträge, die dem Parameter *maske* entsprechen, können mit *ReadNextEntry* gesucht werden.

ReadNextEntry

FIO

ReadNextEntry(VAR erg:DirEntry):BOOLEAN;

Setzt die mit *ReadFirstEntry* begonnene Suche nach einem gültigen Dateieintrag fort und liefert bei einem Erfolg *TRUE* als Funktionsergebnis. Die Daten des Dateieintrages sind nun in *erg* enthalten.

```
VAR
  ok:BOOLEAN;
  erg:DirEntry;
BEGIN
  ok:=ReadFirstEntry('*.*',FileAttr{directory,archive},erg);
  WHILE ok DO
    IO.WrStr(erg.Name);
    IF directory IN erg.attr THEN
      IO.WrStr(' (Verzeichnis)')
    END;
    IO.WrLn;
    ok:=ReadNextEntry(erg)
  END;
```

REAL

Datentyp

Eine Variable dieses Typs kann einen gebrochenen (reellen) Wert im Bereich ±(1.2E-38 bis 3.4E38) aufnehmen (4 Bytes, 6 signifikante Stellen).

RealToStr

Str

**RealToStr(x:LONGREAL; k:CARDINAL; eng:BOOLEAN;
VAR s:ARRAY OF CHAR; VAR ok:BOOLEAN);**

Wandelt den Wert *x* in eine Zeichenkette um. *k* entspricht der gewünschten Anzahl Kommastellen (Bereich: 1..17). Falls *eng* den Wert *TRUE* enthält, wird die technisch-wissenschaftliche Schreibweise verwendet (siehe hierzu *IO. Wr<typ>*). Falls *s* zu wenig Zeichen aufnehmen kann, enthält *ok* nach der Prozedur-Ausführung den Wert *FALSE*. *RealToStr* verwendet im Gegensatz zu *FixRealToStr* immer die Exponenten-Darstellung.

```
RealToStr(314.159,2,FALSE,s,ok);  (* s='3.14E+2'   *)
RealToStr(0.314,4,FALSE,s,ok);    (* s='3.1400E-1' *)
```

RECORD

Reserviertes Wort

Ermöglicht das Definieren von Record-Typen, die aus mehreren Komponenten (Feldern) bestehen; jedem Feld kann ein beliebiger Typ zugeordnet werden (siehe auch *WITH . DO*).

```
TYPE
  Datum=RECORD
    tag:[1..31];
    monat:[1..12];
    jahr:CARDINAL;
  END;
  akte=RECORD
    name,
    vorname:ARRAY [0..20] OF CHAR;
    geboren:Datum;
    mann:BOOLEAN
  END;
```

```
VAR
  klara:akte;
BEGIN
  klara.name:='Traurig';
  klara.vorname:='Klara';
  klara.geboren.jahr:=1966;
```

Variante Records werden mit Hilfe des reservierten Wortes *CASE* gebildet (mehrere Felder verwenden hier denselben Speicherbereich):

```
TYPE
  geschlecht=(mann,frau,kind);
  farbe=(grau,gruen,blau,rot);
  person=RECORD
    name:ARRAY [0..20] OF CHAR;
    CASE gesch:geschlecht OF
      mann:
        gewicht,alter,IQ:CARDINAL;
    | frau:
        augen:farbe;
        schoen,gescheit:BOOLEAN;
    ELSE
      windelmarke:ARRAY [0..10] OF CHAR;
    END;
    einkommen:LONGCARD
  END;
```

RedirectInput IO

RedirectInput(name:ARRAY OF CHAR);

Die Lese-Routinen des Moduls *IO* lesen normalerweise die Zeichen ein, die von der Tastatur kommen. Mit Hilfe von *RedirectInput* wird es aber möglich, die Eingabeeinheit zu ändern. Der Parameter *name* kann entweder den Namen einer Datei oder eines Gerätes (z.B. serielle Schnittstelle) enthalten. Alle Eingaben werden nun von *name* erwartet. Jeder Aufruf von *RedirectInput* schließt die vorherige Eingabedatei oder -einheit.

```
RedirectInput('A:MIMI.BRF');  (* Eingabe von Datei *)
RedirectInput('COM1');        (* serieller Eingang *)
RedirectInput('CON');         (* Tastatureingabe   *)
```

RedirectOutput IO

RedirectOutput(name:ARRAY OF CHAR);

Die Schreib-Routinen des Moduls *IO* schreiben normalerweise in den Bildschirm. Mit Hilfe von *RedirectOutput* wird es aber möglich, die Ausgabe umzuleiten. Der Parameter *name* kann entweder den Namen einer Datei oder eines Gerätes (z.B. Drucker) enthalten. Alle Ausgaben werden nun zu *name* gesendet. Jeder Aufruf von *RedirectOutput* schließt die vorherige Ausgabedatei oder -einheit.

```
RedirectOutput('C:\MOD\TEST.TXT');  (* Ausgabe in Datei  *)
RedirectOutput('LPT1');             (* Druckerausgabe    *)
RedirectOutput('COM1');             (* serieller Ausgang *)
RedirectOutput('CON');              (* Bildschirmausgabe *)
```

Bitte beachten Sie, daß die Lese-Routinen des Moduls *IO* ebenfalls schreiben (Anzeigen der eingegebenen Werte). Aus diesem Grund sollte *RedirectOutput* erst vor den eigentlichen Schreib-Routinen aufgerufen werden:

```
MODULE RedirectOutput_Test;
IMPORT
  IO,Str;
VAR
  s:ARRAY [0..255] OF CHAR;
  aus:CHAR;
BEGIN
  aus:='B';
  LOOP
    IO.RedirectOutput('CON');
    IO.RdStr(s);
    IF Str.Length(s)=0 THEN EXIT END;
    IF Str.Compare(s,'lpt')=0 THEN aus:='D' END;
    IF Str.Compare(s,'con')=0 THEN aus:='B' END;
    IF aus='D' THEN IO.RedirectOutput('LPT1') END;
    IO.WrStr(s); IO.WrLn
  END;
  IO.WrStr('Fertig ...'); IO.WrLn
END RedirectOutput_Test.
```

Rename

FIO

Rename(alt,neu:ARRAY OF CHAR);

Ändert den Dateinamen *alt* in *neu* um. Die umzubenennende Datei sollte geschlossen sein. Mit *Rename* ist es möglich, eine Datei in ein anderes Verzeichnis zu verschieben (für Fehlererkennung siehe *IOresult*).

REPEAT . UNTIL

Reserviertes Wort

Die beiden reservierten Worte *REPEAT* und *UNTIL* umschließen eine Schleife, die so oft ausgeführt wird, bis die Bedingung am Schleifenende *TRUE* ergibt.

```
REPEAT
  IO.WrCard(Lib.RANDOM(10),1)
UNTIL IO.KeyPressed();
```

RETURN

Reserviertes Wort

Verläßt die aktuelle Prozedur oder Funktion augenblicklich. Falls das Wort *RETURN* in einer Funktion verwendet wird, muß ihm ein Funktionsresultat folgen (siehe *PROCEDURE*).
RETURN im Hauptprogramm bricht die Programmausführung unmittelbar ab (siehe auch *HALT*).

Rexp

MATHLIB

Rexp(VAR e2:INTEGER; x:LONGREAL):LONGREAL;

Ermittelt den Exponenten und die Mantisse für das Argument *x*. Der Exponent (zur Basis 2) wird in *e2* gespeichert und die Mantisse (*y*) als Funktionsergebnis zurückgegeben (es gilt folgende Formel: *y*(2 "hoch" e2)=x*).

```
y:=Rexp(e2,1024.0);  (* y=1.0 und e2=10   *)
y:=Rexp(e2,-3.45);   (* y=-1.725 und e2=1 *)
```

RmDir

FIO

RmDir(name:ARRAY OF CHAR);

Löscht das Verzeichnis mit dem Namen *name*. Falls *name* ungültig oder aktiviert ist oder noch Dateien enthält, wird ein I/O-Fehler erzeugt (siehe hierzu *IOresult*).

ScanL

Lib, AsmLib

ScanL(wo:ADDRESS; anz:CARDINAL; wert:BYTE):CARDINAL;

Sucht innerhalb eines Blockes, der bei der Adresse *wo* beginnt und *anz* Bytes umfaßt, nach dem ersten Auftreten von *wert* (Suche in Richtung Adresse *[0:0]*). Bei erfolgreicher Suche wird die Fundstelle (Bereich *0..(anz-1)*) zurückgegeben, andernfalls der Wert *anz*.

ScanNeL

Lib, AsmLib

ScanNeL(wo:ADDRESS; anz:CARDINAL; wert:BYTE):CARDINAL;

Arbeitet ähnlich wie *ScanL*, jedoch wird nach dem ersten Byte gesucht, das nicht mit *wert* übereinstimmt.

ScanNeR

Lib, AsmLib

ScanNeR(wo:ADDRESS; anz:CARDINAL; wert:BYTE):CARDINAL;

Arbeitet ähnlich wie *ScanR*, jedoch wird nach dem ersten Byte gesucht, das nicht mit *wert* übereinstimmt.

ScanR

Lib, AsmLib

ScanR(wo:ADDRESS; anz:CARDINAL; wert:BYTE):CARDINAL;

Sucht innerhalb eines Blockes, der bei der Adresse *wo* beginnt und *anz* Bytes umfaßt, nach dem ersten Auftreten von *wert* (Suche in Richtung Adresse *[0FFFFH:0FH]*). Bei erfolgreicher Suche wird die Fundstelle (Bereich *0..(anz-1)*) zurückgegeben, andernfalls der Wert *anz*.

```
VAR
  c:ARRAY [0..255] OF CHAR;
  pos:CARDINAL;
BEGIN
  c:='Die Overlay-Verwaltung schiebt alle Units';
  pos:=ScanR(ADR(c),256,0);  (* pos=Str.Length(s) *)
```

ScreenToBuffer

AsmLib

ScreenToBuffer(x,y:CARDINAL; pu:ADDRESS; len:CARDINAL);

Überträgt *len* Worte des Bildschirmes ab der Position *(x,y)* in den Puffer *pu*. Ein Wort entspricht einem einzelnen Bildschirmzeichen, das aus ASCII-Code und Farb-Attribut besteht (siehe auch *BufferToScreen* und *BufferWrite*). Bildschirmstörungen können mit *InitScreenType* unterdrückt werden.

Seek

FIO

Seek(f:File; pos:LONGCARD);

Setzt den Dateizeiger der Datei *f* an die Stelle *pos* (byteweise; siehe auch *GetPos*). Der ersten Stelle einer Datei ist die Nummer 0 zugeordnet (siehe auch *Size*).

Seg

SYSTEM

Seg(a:ARRAY OF WORD):CARDINAL;

Liefert den Segment-Teil der Adresse des Parameters *a*; diesem kann eine Variable oder eine Prozedur (Funktion) übergeben werden (siehe auch *ADR* und *Ofs*). Eine vollständige Speicher-Adresse besteht aus einem Segment- und einem Offset-Teil (*segment*16+offset* ergibt die endgültige Speicheradresse, die im Bereich 0..1'048'575 liegt).

SEND

Process

SEND(s:SIGNAL);

Sendet das Signal *s* (weitere Informationen erhalten Sie bei *Init*). Der laufende Prozeß darf beim Aufruf von *SEND* nicht gesperrt sein (siehe *Lock*).

```
MODULE SEND_Test;
FROM Process IMPORT
  SIGNAL,SEND,WAIT,Init,StartProcess,Lock,Unlock;
IMPORT
  IO,FIO,Lib;
VAR
  ende,druckerfrei:SIGNAL;

  PROCEDURE p1;
  VAR
    i:INTEGER;
  BEGIN
    LOOP
      WAIT(druckerfrei);  (* wartet, bis Drucker frei wird *)
      FOR i:=1 TO Lib.RANDOM(10)+5 DO
        Lock;
        FIO.WrChar(FIO.PrinterDevice,'1');
        Unlock
      END;
      SEND(druckerfrei)   (* meldet, daß Drucker frei ist *)
    END
  END p1;

  PROCEDURE p2;
  VAR
    i:INTEGER;
  BEGIN
    LOOP
      WAIT(druckerfrei);
      FOR i:=1 TO Lib.RANDOM(20)+1 DO
        Lock;
        FIO.WrChar(FIO.PrinterDevice,'2');
        Unlock
      END;
      SEND(druckerfrei)
    END
  END p2;
```

```
  PROCEDURE p3;
  VAR
    ch:CHAR;
  BEGIN
    LOOP
      Lock;
      IO.WrChar(CHR(Lib.RANDOM(26)+97));
      IF IO.KeyPressed() THEN
        ch:=IO.RdKey();
        IF ch=CHR(27) THEN  (* <ESC> gedrückt? *)
          Unlock;      (* <SEND> darf nur im un- ... *)
          SEND(ende);  (* ... gesperrten Zustand ... *)
          Lock         (* ... ausgeführt werden.     *)
        END
      END;
      Unlock
    END
  END p3;

BEGIN
  Init(ende);
  Init(druckerfrei);
  StartProcess(p1,2000,1);
  StartProcess(p2,2000,1);
  StartProcess(p3,2000,1);
  SEND(druckerfrei);  (* meldet, daß Drucker frei ist      *)
  WAIT(ende)          (* wartet, bis <p3> das Ende meldet *)
END SEND_Test.
```

SET OF

Reserviertes Wort

Ermöglicht das Definieren von Mengen. Den beiden reservierten Wörtern *SET OF* folgt ein einfacher Typ (*CHAR*, *SHORTCARD*, *CARDINAL*, Unterbereichs- oder Aufzähl-Typ):

```
TYPE
  obst=(apfel,kirsche,banane,birne);
  obstmenge=SET OF obst;
  CHARSET=SET OF CHAR;
  UPPER=SET OF ['A'..'Z'];
VAR
  schale,korb:obstmenge;
  zeichen:CHARSET;
  gross:UPPER;
```

Eine Menge besteht aus einer Anzahl von Elementen, die alle demselben Typ angehören; zwei Mengen sind nur dann gleich, wenn auch ihre Elemente dieselben sind (die Reihenfolge der Elemente spielt dabei keine Rolle). Mengen-Zuweisungen sehen wie folgt aus:

```
schale:=obstmenge{apfel,kirsche,banane};
korb:=obstmenge{banane,birne};
zeichen:=CHARSET{'2'..'8','q','?'};
gross:=UPPER{};  (* kein Element zuordnen *)
```

Folgende Verknüpfungs-Operationen können verwendet werden (die unten aufgeführten Mengen ergeben sich aus den Verknüpfungen *schale 'Operator-Zeichen' korb*):

+ *Vereinigung*; alle Elemente, die in *schale* und/oder *korb* enthalten sind (*{apfel,kirsche,banane, birne}*).
- *Differenz*; alle Elemente, die in *schale*, nicht aber in *korb* enthalten sind (*{apfel,kirsche}*).
* *Schnitt*; alle Elemente, die in beiden Mengen enthalten sind (*{banane}*).

/ *Symmetrische Differenz*; alle Elemente, die entweder nur in *schale* oder nur in *korb* enthalten sind (*{apfel,kirsche,birne}*).

Mengen lassen sich wie folgt vergleichen:

= Prüft, ob zwei Mengen gleich sind.
Prüft, ob zwei Mengen ungleich sind (auch <> erlaubt).
<= Prüft, ob die erste Menge in der zweiten vollständig enthalten ist (ob erste Menge Teilmenge ist).
>= Prüft, ob die zweite Menge in der ersten vollständig enthalten ist (ob erste Menge Obermenge ist).
IN Prüft, ob ein bestimmtes Elemente in einer Menge enthalten ist (z.B. *IF apfel IN korb THEN ...*).

Mit den beiden Standard-Prozeduren *EXCL* und *INCL* können Elemente aus einer Menge entfernt oder in eine Menge eingefügt werde (*BITSET* ist übrigens ein vordefinierter Mengen-Typ).

SetFlags

SYSTEM

SetFlags(flags:CARDINAL);

Setzt das CPU-Register *flags*, das gewisse Zustände speichert (siehe auch *GetFlags*).

SetFrame

Window

SetFrame(w:WinType; rahmen:FrameStr; vor,hint:Color);

Zeichnet einen Rahmen um das Fenster *w* und verwendet dabei die in *rahmen* definierten Zeichen (hier können auch die beiden Konstanten *SingleFrame* und *DoubleFrame* verwendet werden). *vor* bezeichnet die Zeichenfarbe, *hint* die Hintergrundfarbe des Rahmens (Datentypen siehe *Window*). Ein Fenster-Titel kann mit *SetTitle* geschrieben werden.

SetInProgramFlag

AsmLib

SetInProgramFlag(on:BOOLEAN);

Ermöglicht das Setzten des Flags *InProgram* (weitere Informationen hierzu erhalten Sie bei *GetInProgramFlag*).

SetJmp

Lib, AsmLib

SetJmp(VAR label:LongLabel):CARDINAL;

Sichert den Zustand einer Prozedur in *label* und gibt 0 als Funktionsergebnis zurück. Der Datentyp *LongLabel* ist im Modul **Lib** wie folgt definiert:

```
LongLabel=ARRAY [0..3] OF CARDINAL;
```

Mit Hilfe von *LongJmp* kann dieser alte Zustand wieder restauriert werden; dies kommt einem Sprung zur Programmstelle gleich, bei der sich die zuvor aufgerufene Funktion *SetJmp* befindet; *SetJmp* liefert nun ein Funk-

tionsergebnis, das von *LongJmp* gesetzt worden ist (Parameter *result*).
Bitte beachten Sie, daß dieser Sprung nur verwendet werden soll, um aus einer tiefen Verschachtelung herauszukommen (rekursive Routinen).

```
VAR
  save:LongLabel;

  PROCEDURE rekursiv(anz:CARDINAL);
  BEGIN
    IF anz>100 THEN LongJmp(save,1) END;  (* Ende *)
    IO.WrCard(anz,5);
    rekursiv(anz+1);
    IO.WrChar('.') (* wird nie ausgeführt *)
  END rekursiv;

  PROCEDURE rufauf;
  BEGIN
    IF SetJmp(save)=0 THEN
      IO.WrStr('Langer Sprung installiert'); IO.WrLn;
      IO.WrStr('Aufruf von <rekursiv>'); IO.WrLn;
      rekursiv(1)
    ELSE
      IO.WrStr('<rekursiv> abgebrochen')
    END
  END rufauf;

BEGIN
  rufauf;
  IO.WrStr('Zurück im Hauptprogramm ...');
```

SetPalette

Window

SetPalette(w:WinType; pal:PaletteDef);

Ändert die aktuelle Farbpalette des Fensters *w*; das gesamte Fenster wird unmittelbar darauf in den neuen Farben angezeigt (Datentypen siehe *Window*).

```
VAR
  p1,p2:PaletteDef;
  w:WinType;
  d:WinDef;
  i:INTEGER;
  ch:CHAR;
BEGIN
  p1[0].Fore:=Black;     p1[0].Back:=LightGray;
  p1[1].Fore:=Black;     p1[1].Back:=White;
  p2[0].Fore:=LightGray; p2[0].Back:=Black;
  p2[1].Fore:=White;     p2[1].Back:=Black;
  (* hier <d> initialisieren *)
  w:=Window.PaletteOpen(d,p1);
  FOR i:=1 TO 1000 DO IO.WrCard(Lib.RANDOM(10),1) END;
  SetPalette(w,p2);
```

SetPaletteColor

Window

SetPaletteColor(p:PaletteRange);

Verwendet für die Textausgabe (aktuelles Fenster) die Farben des Paletten-Eintrages mit der Nummer *p*. *PaletteRange* ist wie folgt definiert:

```
PaletteSize =10;
PaletteMax  =PaletteSize-1;
PaletteRange=SHORTCARD [0..PaletteMax];  (* kurz: 0..9 *)
```

SetProcessLocks

Window

SetProcessLocks(sperren,freigeben:PROC);

Teilt der Fensterverwaltung mit, welche parameterlosen Prozeduren für das Sperren und Freigeben von sich konkurrierenden Prozessen verwendet werden sollen (nur sinnvoll, wenn mit dem Modul **Process** gearbeitet wird). Üblicherweise werden den beiden Parametern *sperren* und *freigeben* die beiden Prozeduren *Process.Lock* und *Process.Unlock* übergeben.
SetProcessLocks sollte dann aufgerufen werden, wenn in einem Programm parallele Prozesse verwendet werden (denn in einigen Routinen des Moduls *Window* werden konkurrierende Prozesse in kritischen Situationen gesperrt).

SetReturnCode

Lib, AsmLib

SetReturnCode(code:SHORTCARD);

Ermöglicht das Setzen eines Return-Codes. Dieser kann in einer .BAT-Datei mit der Systemvariablen ERRORLEVEL ermittelt werden.

SetTitle

Window

SetTitle(w:WinType; titel:ARRAY OF CHAR; pos:TitleMode);

Schreibt eine Titelzeile in den Fensterrahmen (oben oder unten) und verwendet dabei die mit *SetFrame* gesetzten Farben. *TitleMode* ist wie folgt definiert (*WinType* siehe *Window*):

```
TitleMode=(NoTitle,
           LeftUpperTitle,CenterUpperTitle,RightUpperTitle,
           LeftLowerTitle,CenterLowerTitle,RightLowerTitle);
```

SetVideoPage

AsmLib

SetVideoPage(nr:CARDINAL);

Aktiviert die Textbildschirm-Seite *nr* (0 ist Standard). Jede Seite entspricht einem vollen Bildschirm und kann beliebig beschrieben werden (Bereiche für *nr*: 0 (Monochrom), 0..3 (Farbbildschirm, 80x25 Zeichen), 0..7 (Farbbildschirm, 40x25 Zeichen)). Die aktive Seiten-Nummer kann mit *ActivePage* ermittelt werden.

SetWrap

Window

SetWrap(ein:BOOLEAN);

Legt fest, ob bei den Ausgabe-Routinen des Moduls *IO* bei Bedarf ein Zeilenumbruch erfolgen soll (entspricht *SetWrap(TRUE);*) oder nicht (in diesem Fall bleibt der Cursor am rechten Fensterrand stehen).

SHORTADDR

Datentyp

Enthält den Offset-Teil einer Speicher-Adresse (eine vollständige Adresse besteht aus Segment und Offset, siehe auch *ADDRESS*).

SHORTCARD

Datentyp

Einer Variablen dieses Typs können ganzzahlige Werte im Bereich 0..255 zugeordnet werden (8-Bit-Variable).

SHORTINT

Datentyp

Einer Variablen dieses Typs können ganzzahlige Werte im Bereich -128..127 zugeordnet werden (8-Bit-Variable mit Vorzeichen).

Sin

MATHLIB

Sin(x:LONGREAL):LONGREAL;

Berechnet den Sinus des Winkels *x* (Wertebereich für *x*: *beliebig*; Wertebereich des Ergebnisses *y*: *-1 <= y <= 1*). Das Argument *x* entspricht einem Winkel im Bogenmaß.

SinH

MATHLIB

SinH(x:LONGREAL):LONGREAL;

Berechnet den hyperbolischen Sinus des Argumentes *x* (Wertebereich für *x*: *beliebig*; Wertebereich des Ergebnisses *y*: *beliebig*).

SIZE

Standard-Funktion

SIZE(bel_typ):CARDINAL;
SIZE(bel_var):CARDINAL;

Liefert die Anzahl Bytes, die eine Variable oder ein Typ beansprucht.

```
TYPE
  kk=RECORD x,y:CARDINAL END;
VAR
  s:CARDINAL;
BEGIN
  s:=SIZE(LONGREAL);   (* s=8 *)
  s:=SIZE(s);          (* s=2 *)
  s:=SIZE(kk);         (* s=4 *)
```

Size

FIO

Size(f:File):LONGCARD;

Ermittelt die Größe der geöffneten Datei *f* (in Bytes).

Slice

Str, AsmLib

**Slice(VAR teil:ARRAY OF CHAR;
hpt:ARRAY OF CHAR; pos,anz:CARDINAL);**

Übergibt *teil* eine Zeichenkette, die von *hpt* ab der Position *pos* kopiert wird und *anz* Zeichen umfaßt. Dem ersten Zeichen von *hpt* ist die Nummer 0 zugeordnet.

```
VAR
  t,h:ARRAY [0..255] OF CHAR;
BEGIN
  h:='Häuserzeile';
  Slice(t,h,2,4);   (* t='user'      *)
  Slice(t,h,7,10);  (* t='eile'      *)
  Slice(t,h,12,2);  (* t: Null-String *)
```

SnapShot

Window

SnapShot;

Fotografiert den gesamten Bildschirm und übergibt dem Grund-Fenster (gesamter Bildschirm, Variable *Window. FullScreen*) das Foto, so daß nun das Grund-Fenster dem aktuellen Bildschirminhalt entspricht. Bitte beachten Sie, daß vor der Ausführung von *SnapShot* das Grund-Fenster mit *Use(FullScreen);* aktiviert werden sollte.

```
MODULE SnapShot_Test;
FROM Window IMPORT
  WinType,WinDef,Black,LightGray,SingleFrame,
  FullScreen,Open,Close,Use,SnapShot,Change;
IMPORT
  IO,Lib;
VAR
  w:WinType;
  ch:CHAR;
BEGIN
  w:=Open(WinDef(4,4,40,20,Black,LightGray,
          TRUE,TRUE,FALSE,TRUE,SingleFrame,Black,LightGray));
  REPEAT
    IO.WrCard(Lib.RANDOM(10),1);
    CASE Lib.RANDOM(100) OF
      75:Use(w);
    | 25:Use(FullScreen)
    END;
  UNTIL IO.KeyPressed();
  ch:=IO.RdKey();
  Use(FullScreen);
  SnapShot;             (* Bildschirm fotografieren *)
  Change(w,6,6,42,22);      (* Fenster verschieben *)
  ch:=IO.RdKey();        (* auf Tastendruck warten *)
  SnapShot;     (* neuen Bildschirm fotografieren *)
  Change(w,8,8,44,24);      (* Fenster verschieben *)
  ch:=IO.RdKey();
  Close(w)
END SnapShot_Test.
```

Bitte beachten Sie, daß *SnapShot* nicht zusammen mit Paletten-Fenstern (siehe *PaletteOpen*) arbeitet.

Sound

Lib, AsmLib

Sound(frequenz:CARDINAL);

Schaltet den Tongenerator ein; *frequenz* gibt dabei die Tonhöhe in Hertz (Hz) an. *NoSound* schaltet den Tongenerator wieder aus.

```
Sound(440); Lib.Delay(1000); Lib.NoSound;  (* 1 Sekunde *)
```

Speaker

AsmLib

Speaker(total,on,off:CARDINAL);

Schaltet den Lautsprecher für *off* Zeit-Einheiten (vom Computer-System abhängig) aus und *on* Einheiten ein, wobei diese Sequenz *total* Mal wiederholt wird (diese Prozedur hat auf allen mir zugänglichen Rechnern einen Systemabsturz herbeigeführt). *Sound*, *Delay* und *NoSound* erzeugen Töne, die vom verwendeten Computer-System unabhängig sind.

Sqrt

MATHLIB

Sqrt(x:LONGREAL):LONGREAL;

Ermittelt die Quadrat-Wurzel von *x* (für *x* muß gelten: *x>=0*).

```
y:=Sqrt(9.0);  (* ergibt 3.0 *)
```

StartProcess

Process

StartProcess(p:PROC; speicher:CARDINAL; pr:CARDINAL);

Erzeugt einen Prozeß (parameterlose Prozedur *p*) und stellt ihm einen Arbeitsspeicher von *speicher* Bytes zur Verfügung (empfohlene Minimalgröße: 1 KByte). Jeder Prozeß erhält eine Priorität *pr* (nicht dasselbe wie die Modul-Priorität, siehe *MODULE*), die im Bereich 1..65'535 liegt. Dem Hauptprogramm ist die Priorität 1 (=geringste Priorität) zugeordnet. Die Prozeß-Verwaltung schaltet automatisch zwischen den installierten Prozessen um, so daß der Eindruck von gleichzeitig (parallel) ablaufenden Prozessen entsteht. Prozesse mit der höchsten Priorität beanspruchen die gesamte CPU-Zeit; Prozesse mit einer niedrigeren Priorität kommen in diesem Fall nur zur Ausführung, wenn alle anderen Prozesse mit *Process.Delay* vorübergehend unterbrochen werden.
Die Fensterverwaltung von TopSpeed Modula-2 (Modul *Window*) arbeitet hervorragend mit den parallelen Prozessen zusammen, denn jedem Prozeß kann ein eigenes Ausgabefenster zugeordnet werden (siehe *Use* und *SetProcessLocks*).

```
MODULE StartProcess_Test;
FROM Window IMPORT
  WinDef,WinType,White,Black,SingleFrame,
  Open,Close,Use,SetProcessLocks,FullScreen;
FROM Process IMPORT
  SIGNAL,WAIT,SEND,Init,Delay,
  StartProcess,Lock,Unlock,StartScheduler;
IMPORT
  IO,Lib;
VAR
  w1,w2:WinType;
  ende:SIGNAL;

  PROCEDURE proc1;
  VAR
    ch:CHAR;
  BEGIN
    Use(w1);
    LOOP
      IO.WrChar(CHR(Lib.RANDOM(26)+97));
      Lock;
```

```
      IF IO.KeyPressed() THEN
        ch:=IO.RdKey();
        Unlock;
        IF ch=CHR(27) THEN
          SEND(ende)
        ELSE
          IO.WrStr(' ... Abbruch mit <ESC> ... ');
          Delay(36)  (* 2 Sekunden Pause *)
        END;
        Lock
      END;
      Unlock
    END
  END proc1;

  PROCEDURE proc2;
  BEGIN
    Use(w2);
    LOOP
      IO.WrCard(Lib.RANDOM(10),1);
    END
  END proc2;

  PROCEDURE proc3;
  BEGIN
    Use(FullScreen);
    LOOP
      IO.WrStr('Drei parallele Prozesse ... ')
    END
  END proc3;

BEGIN
  SetProcessLocks(Lock,Unlock);
  w1:=Open(WinDef(2,2,40,23,White,Black,
                  FALSE,TRUE,FALSE,TRUE,
                  SingleFrame,White,Black));
  w2:=Open(WinDef(30,5,70,19,White,Black,
                  FALSE,TRUE,FALSE,TRUE,
                  SingleFrame,White,Black));
  Init(ende);
  StartScheduler();  (* damit <Delay> funktioniert *)
  StartProcess(proc1,2000,1);
  StartProcess(proc2,2000,1);
  StartProcess(proc3,2000,1);
  WAIT(ende);
  Lock;  (* damit alle Prozesse gestoppt werden *)
  Close(w1);
  Close(w2)
END StartProcess_Test.
```

StartScheduler

Process

StartScheduler;

Installiert den Scheduler (Steuerprogramm). Dieser sorgt dafür, daß die CPU-Zeit der unterbrochenen Prozesse (siehe *Process.Delay*) den anderen Prozessen zugeteilt wird.

StopScheduler

Process

StopScheduler;

Desinstalliert den Scheduler (siehe *StartScheduler*).

Storage

Modul

Die in diesem Modul enthaltenen Routinen ermöglichen das Arbeiten mit dynamischen Variablen, die bei Bedarf auf dem Heap erzeugt werden können.

Heaps verwalten:

`HeapChangeSize, MakeHeap`

Speicher freigeben und reservieren:

`ALLOCATE, DEALLOCATE, HeapAllocate, HeapChangeAlloc, HeapDeallocate`

Abfrage-Routinen:

`Available, HeapAvail, HeapTotalAvail`

Vordefinierte Typen:

```
TYPE
  HeapRecPtr=POINTER TO HeapRec;
  HeapRec=RECORD
    size:CARDINAL;
    next:HeapRecPtr
  END;
```

Vordefiniete Variablen:

```
VAR
  MainHeap:HeapRecPtr;        (* Haupt-, Standard-Heap        *)
  ClearOnAllocate:BOOLEAN;    (* TRUE, wenn beim Reser- ...   *)
                              (* ... vieren der Speicher ... *)
                              (* ... initialisiert wird.      *)
```

StoreControlWord

MATHLIB

StoreControlWord():BITSET;

Stellt das Coprozessor-Register *control* zur Verfügung. Dieses speichert z.B. Rechengenauigkeit oder Rundungsrichtung des Coprozessors.

StoreEnvironment

MATHLIB

StoreEnvironment():Environment;

Ermittelt die aktuelle Umgebung des Coprozessors. Der Datentyp *Environment* ist wie folgt in *MATHLIB* definiert:

```
Environment=RECORD
  ControlWord,StatusWord,TagWord:BITSET;
  IP,Opcode,DataPointer,R80287:CARDINAL
END;
```

Str

Modul

Ermöglicht das Arbeiten mit Zeichenketten (auch 'Strings' genannt). Eine Zeichenkette wird wie folgt definiert:

```
CONST
  u=0;   (* sollte immer 0 sein        *)
  o=255; (* möglicher Bereich: 0..65'535 *)
VAR
  strvar:ARRAY [u..o] OF CHAR;
  var2:ARRAY [0..30] OF CHAR;
```

```
BEGIN
  strvar:='Kandinsky';  (* alle Zeichen außer ' erlaubt *)
  var2:="im Bauhaus";   (* alle Zeichen außer " erlaubt *)
```

Konstante Zeichenketten und einzelne Zeichen können mit dem Zeichen + zusammengefügt werden:

```
MODULE test;
IMPORT IO;
CONST
  msg='Ein Socken kommt selten allein ...';
  CRLF=CHR(13)+12C;
  beep=CHAR(7);
VAR
  a,b:ARRAY [0..1000] OF CHAR;
BEGIN
  b:='Hallo';  (* a:=b+b; ist verboten, da <b> ...    *)
               (* ... nicht konstant; siehe <Concat>. *)
  a:='Einmal ganz ehrlich: Wer hätte gedacht, '+
     'daß der Fischer '+beep+'(wie war doch gleich'+CRLF+
     'sein Name?) nur einen alten '+
     'Socken findet?'+CHR(13)+CHR(10)+msg+beep;
  IO.WrStr(a)
END test.
```

Das Ende einer Zeichenkette wird automatisch mit dem Zeichen *CHR(0)* markiert.

Zusammenfügen, Löschen, Kopieren:

```
Append, Compare, Concat, Copy, Delete, Insert, Item, ItemS,
Slice
```

Umwandlungen:

```
Caps, CardToStr, FixRealToStr, IntToStr, RealToStr, StrToCard,
StrToInt, StrToReal
```

Positionen und String-Länge:

```
Length, Match, Pos
```

Vordefinierter Typ:

```
TYPE
  CHARSET=SET OF CHAR;
```

StrToCard

Str

**StrToCard(s:ARRAY OF CHAR; ba:CARDINAL;
VAR ok:BOOLEAN):LONGCARD;**

Wandelt eine Zeichenkette in einen *LONGCARD*-Wert um. *ba* bezeichnet die Basis (Bereich: 2..16), in der die in *s* enthaltene Zahl dargestellt ist. Falls *ok* innerhalb der Funktion den Wert *FALSE* zugewiesen bekommt, enthält *s* keinen gültigen *LONGCARD*-Wert.

```
lc:=StrToCard('1FA4',16,ok);  (* lc=8100 *)
lc:=StrToCard('123',10,ok);   (* lc=123  *)
lc:=StrToCard('1011',2,ok);   (* lc=11   *)
```

StrToInt

Str

**StrToInt(s:ARRAY OF CHAR; ba:CARDINAL;
VAR ok:BOOLEAN):LONGINT;**

Wandelt eine Zeichenkette in einen *LONGINT*-Wert um (weitere Informationen erhalten Sie bei *StrToCard*).

StrToReal

Str

**StrToReal(s:ARRAY OF CHAR;
VAR ok:BOOLEAN):LONGREAL;**

Wandelt eine Zeichenkette in einen *LONGREAL*-Wert um. *ok* enthält nach der Funktionsausführung den Wert *FALSE*, wenn *s* keinen gültigen Wert darstellt.

```
lr:=StrToReal('1.234',ok);   (* lr=1.234E0 *)
lr:=StrToReal('0.23E3',ok);  (* lr=2.3E2   *)
```

SubAddr

Lib, AsmLib

SubAddr(a:ADDRESS; dec:CARDINAL):ADDRESS;

Subtrahiert den Wert *dec* von der Adresse *a* und gibt die neue, niedrigere Adresse zurück.

SYSTEM

Modul

Dieses Modul enthält systemnahe Routinen.

Prozesse:

```
CurrentProcess, NEWPROCESS, TRANSFER
```

Interrupt-Routinen:

```
InterruptRegisters, IOTRANSFER
```

Prioritäten:

```
CurrentPriority, Listen, NewPriority
```

Systemnahe Routinen:

```
DI, EI, GetFlags, In, Ofs, Out, Seg, SetFlags
```

Vordefinierte Konstanten:

```
CONST
   CarryFlag=0;
   ZeroFlag =6;
```

Vordefinierte Typen:

```
TYPE
  PROCESS  =ADDRESS;
  Registers=RECORD
    CASE :BOOLEAN OF
    | TRUE :AX,BX,CX,DX,BP,SI,DI,DS,ES:CARDINAL;
            Flags                     :BITSET;
    | FALSE:AL,AH,BL,BH,CL,CH,DL,DH   :SHORTCARD;
    END;
  END;
```

Vordefinierte Variable:

```
VAR
  HeapBase:CARDINAL;  (* Segment des Haupt-Heaps *)
```

Tan

MATHLIB

Tan(x:LONGREAL):LONGREAL;

Berechnet den Tangens des Winkels *x* (Wertebereich für *x*: *-Pi/2 < x < Pi/2*; Wertebereich des Ergebnisses: *beliebig*). Das Argument *x* entspricht einem Winkel im Bogenmaß.

TanH

MATHLIB

TanH(x:LONGREAL):LONGREAL;

Berechnet den hyperbolischen Tangens des Argumentes *x* (Wertebereich für *x*: *beliebig*; Wertebereich des Ergebnisses *y*: *-1 < y < 1*).

Terminate

Lib, AsmLib

Terminate(neu:PROC; VAR alt:PROC);

Installiert die parameterlose Prozedur *neu*, die bei einem Programm-Abbruch oder -Ende automatisch ausgeführt wird. Mit Hilfe des Parameters *alt* wird die vorherige Abbruch-Routine zurückgegeben (diese sollte innerhalb der neuen aufgerufen werden, denn so ist eine ganze Kette von Abbruch-Routinen möglich).

```
VAR
  altsave:PROC;

  PROCEDURE ende;
  BEGIN
    IO.WrStr('Programm-Ende ...');
    IO.WrLn;
    altsave  (* ruft die alte Prozedur auf *)
  END ende;

BEGIN
  Terminate(ende,altsave);
```

TextBackground

Window

TextBackground(c:Color);

Setzt die Hintergrundfarbe *c* innerhalb des aktiven Fensters neu (*Color* wird bei *TextColor* aufgeführt). Falls *c* einen Wert im Bereich *DarkGray..White* enthält, werden Zeichen blinkend dargestellt; die Hintergrundfarbe wird dabei transformiert (*DEC(c,8);*). Dies trifft jedoch nur zu, wenn der Menüpunkt *Options, Setup, High Background* auf *OFF* steht.

TextColor

Window

TextColor(c:Color);

Setzt die Zeichenfarbe innerhalb des aktiven Fensters neu. Der Datentyp *Color* ist wie folgt definiert:

```
Color=(Black,Blue,Green,Cyan,
       Red,Magenta,Brown,LightGray,
       DarkGray,LightBlue,LightGreen,LightCyan,
       LightRed,LightMagenta,Yellow,White);
```

TextMode

Graph

TextMode;

Schaltet bei aktivem Graphikmodus in den Textmodus zurück (siehe auch *GraphMode*) und sollte am Ende jedes Graphik-Programmes aufgerufen werden.

Top

Window

Top():WinType;

Gibt die Referenz desjenigen Fensters zurück, das zuoberst auf dem Fensterstapel liegt (*WinType* siehe *Window*). Die Textausgabe muß nicht unbedingt in das oberste Fenster erfolgen (siehe auch *Used*).

TRANSFER

SYSTEM

TRANSFER(VAR pa,pn:ADDRESS);

Unterbricht den Prozeß *pa* und veranlaßt die Ausführung des Prozesses *pn*. Die Ausführung des Prozesses *pa* wird zu einem späteren Zeitpunkt wieder an der unterbrochenen Stelle aufgenommen.

```
MODULE TRANSFER_Test;
FROM SYSTEM IMPORT
  NEWPROCESS,TRANSFER;
IMPORT
  IO;
VAR
  p1,p2,main:ADDRESS;
  pu1,pu2:ARRAY [1..2000] OF BYTE;

  PROCEDURE proc1;
  BEGIN
    LOOP
      IO.WrChar('1'); TRANSFER(p1,p2)
    END
  END proc1;

  PROCEDURE proc2;
  BEGIN
    LOOP
      IO.WrChar('2'); TRANSFER(p2,main)
    END
  END proc2;

BEGIN
  NEWPROCESS(proc1,ADR(pu1),2000,p1);
  NEWPROCESS(proc2,ADR(pu2),2000,p2);
  REPEAT
    TRANSFER(main,p1);  (* Das Hauptprogramm ist ...   *)
    IO.WrChar('*');     (* ... automatisch ein Prozeß. *)
  UNTIL IO.KeyPressed()
END TRANSFER_Test.
```

Das Modul *Process* schaltet automatisch zwischen verschiedenen Prozessen um (siehe *StartProcess*).

TRUE

Konstante

Entspricht dem Wahrheitswert WAHR und kann einer Variablen vom Typ *BOOLEAN* übergeben werden.

TRUNC

Standard-Funktion

TRUNC(x):int_card;

Wandelt das Argument *x* (*REAL* oder *LONGREAL*) in einen ganzzahligen Wert (*CARDINAL* oder *INTEGER*) um, wobei vorhandene Kommastellen abgeschnitten werden.

Truncate

FIO

Truncate(f:File);

Löscht alle Komponenten der Datei *f*, die hinter dem aktuellen Dateizeiger stehen (der Dateizeiger befindet sich danach am Ende der Datei).

TYPE

Reserviertes Wort

Ermöglicht das Definieren von Datentypen, d.h. in der TYPE-Anweisung wird einem Namen ein Datentyp zugeordnet.
Die Datentypen lassen sich in verschiedene Gruppen einteilen:

- Aufzähl-Typen (z.B. *farbe=(rot,blau,gelb);*)
- Unterbereichs-Typen (z.B. *monat=[1..12];*)
- Ordinale Typen (*BOOLEAN*, *CHAR*, *SHORTINT*, *INTEGER*, *LONGINT*, *SHORTCARD*, *CARDINAL*, *LONGCARD*, Aufzähl- und Unterbereichs-Typen)
- Reelle Typen (*REAL*, *LONGREAL*)
- Strukturierte Typen (*ARRAY* ..., *RECORD* ..., *SET* ..., *BITSET*, *CHARSET*)
- Zeiger-Typen (*POINTER* ...)
- Prozedur-Typen (*PROC*, *PROCEDURE* ...)
- Universal-Typen (*BYTE*, *WORD*, *LONGWORD*, *SHORTADDRESS*, *ADDRESS*)

Ein neuer Datentyp kann direkt im Variablen-Deklarationsteil (siehe *VAR*) beschrieben werden. Datentypen mit einem eigenen Namen werden im Typen-Deklarationsteil definiert. Das reservierte Wort TYPE steht dabei am Anfang einer Definition; ihm folgt eine Zuweisung (mehrere Zuweisungen sind mit einem Strichpunkt (;) zu trennen):

```
TYPE
  bereich=[12..34];
  operation=(plus,minus,mal,geteilt);
  str255=ARRAY [0..255] OF CHAR;
  akte=RECORD
    name,vorname:str255;
    einkommen:LONGCARD
  END;
VAR
  zeile:str255;
  dorf_hintergupf:ARRAY [1..40] OF akte;
```

Die Typenprüfung bei Zuweisungen ist unter Modula-2 äußerst streng:

```
TYPE
  str20=ARRAY [0..20] OF CHAR;
VAR
  a:ARRAY [0..20] OF CHAR;
  b:ARRAY [0..20] OF CHAR;
  x,y:ARRAY [0..20] OF CHAR;
  i:str20;
  j:str20;
BEGIN
  a:=b;  (* nicht möglich, da 'verschiedene' Typen    *)
  x:=y;  (* erlaubt, da denselben (anonymen) Typ      *)
  i:=j;  (* erlaubt, da denselben vordefinierten Typ *)
```

Unlock

Process

Unlock;

Gibt einen mit *Lock* gesperrten Prozeß frei (d.h. der laufende Prozeß kann wieder von anderen unterbrochen werden).

Use

Window

Use(w:WinType);

Teilt der Fensterverwaltung mit, in welches Fenster alle kommenden Ausgaben geschrieben werden sollen (*w* muß nicht zuoberst auf dem Fenster-Stapel liegen, es kann teilweise oder ganz verdeckt sein). *WinType* wird bei *Window* aufgeführt. Mit Hilfe der vordefinierten Variablen *Window.FullScreen* kann in den Bildschirm-Hintergrund geschrieben werden (Grund-Fenster).
Wird *Use* innerhalb eines Prozesses (siehe auch *Process* und *SetProcessLocks*) aufgerufen, verwendet der Prozeß immer das ihm zugeordnete Ausgabefenster (auch dann, wenn in anderen Prozessen *Use* erneut aufgerufen wird).

```
MODULE Use_Test;
FROM Window IMPORT
  WinType,WinDef,Black,LightGray,SingleFrame,
  FullScreen,Open,Close,Use;
IMPORT
  IO,Lib;
VAR
  w:WinType;
  ch:CHAR;
BEGIN
  w:=Open(WinDef(4,4,40,20,Black,LightGray,
          TRUE,TRUE,FALSE,TRUE,SingleFrame,Black,LightGray));
  REPEAT
    IO.WrCard(Lib.RANDOM(10),1);
    CASE Lib.RANDOM(100) OF
      75:Use(w);
    | 25:Use(FullScreen)
    END;
  UNTIL IO.KeyPressed();
  ch:=IO.RdKey();
  Close(w)
END Use_Test.
```

Used

Window

Used():WinType;

Liefert die Referenz desjenigen Fensters zurück, in das alle Ausgaben geschrieben werden (*WinType* siehe *Window*).

UserBreak

Lib, AsmLib

UserBreak;

Unterbricht das laufende Programm mit einem Laufzeitfehler.

VAL

Standard-Funktion

VAL(bel_typ,bel_wert):wie_argument_1;

Wandelt den Wert *bel_wert* in den Datentyp *bel_typ* um. Der Typ des Funktionsergebnisses entspricht dem 1. Parameter *bel_typ* (nicht erlaubt sind Adreß-Typen und strukturierte Typen).

```
r:=VAL(REAL,4);          (* r=4.0 *)
i:=VAL(INTEGER,3.14159); (* i=3   *)
c:=VAL(CARDINAL,'A');    (* c=65  *)
```

VAR

Reserviertes Wort

Ermöglicht das Definieren von Variablen. Jede Variable, die in einem Programm erscheint, muß vor ihrem Gebrauch definiert werden. Die Variablen-Deklaration besteht aus dem reservierten Wort *VAR*, dem eine Liste von Bezeichnern folgt. Die Bezeichner werden mit einem Komma (,) voneinander getrennt. Am Ende der Liste steht ein Doppelpunkt (:), dem der Variablentyp folgen muß:

```
VAR
  a,b:CARDINAL;
  ok:BOOLEAN;
```

Variablen können an bestimmte (absolute) Adressen gelegt werden; hierzu folgt dem Variablen-Name eine in eckigen Klammern stehende Speicher-Adresse (diese besteht aus zwei CARDINAL-Werten):

```
CONST
  seg=0B800H;  (* 0B000H für Monochrom *)
VAR
  kbd[0:41EH]:ARRAY [0..15] OF CARDINAL;
  scr[seg:0]:ARRAY [1..25],[1..80],[1..2] OF CHAR;
```

Variablen, die innerhalb einer Prozedur oder Funktion definiert sind, verlieren ihre Werte beim Routinen-Ende (nicht so aber Variablen in lokalen Moduln).

VSIZE

Standard-Funktion

VSIZE(record_feld):CARDINAL;

Gibt den Platzbedarf (in Bytes) eines Records zurück, wobei nur die Felder bis zum angegebenen Feld (Parameter *record_feld*) berücksichtigt werden. Bitte beachten Sie, daß dem Feldnamen der zugehörige Datentyp und ein Punkt vorangestellt werden müssen.

```
TYPE
  hint=RECORD
    s:ARRAY [0..24] OF CHAR;     (* 25 Bytes *)
    CASE wasnun:BOOLEAN OF       (*  1 Byte  *)
      TRUE: ja,nein:INTEGER;     (*  4 Bytes *)
            he,du:CARDINAL;      (*  4 Bytes *)
    | FALSE:wie,so:CHAR;         (*  2 Bytes *)
    END
  END;
VAR
  rec:hint;
  c:CARDINAL;
```

```
BEGIN
  c:=VSIZE(hint.s);       (* c=25                       *)
  c:=VSIZE(hint.wasnun);  (* c=26                       *)
  c:=VSIZE(hint.wie);     (* c=27 (Varianten-Record!)   *)
  c:=SIZE(hint);          (* c=34 (Varianten-Record!)   *)
  c:=VSIZE(rec.wasnun);   (* ACHTUNG: Nicht erlaubt!    *)
```

WAIT

Process

WAIT(s:SIGNAL);

Wartet auf das Signal *s* (siehe *Init* und *SEND*). Der laufende Prozeß darf beim Aufruf von *WAIT* nicht gesperrt sein (siehe *Lock*).

WhereX/WhereY

Window

WhereX():RelCoord;
WhereY():RelCoord;

Ermittelt die relative X- bzw. Y-Koordinate der aktuellen Cursorposition. Die linke obere Fensterecke entspricht dem Punkt *(1,1)*. Der Typ *RelCoord* ist wie folgt definiert:

```
RelCoord=CARDINAL;
```

WHILE . DO

Reserviertes Wort

Definiert eine Schleife, die so oft ausgeführt wird, bis die Bedingung am Schleifenanfang *FALSE* ergibt.

```
WHILE NOT FIO.EOF DO
  FIO.RdStr(f,zeile);
  FIO.WrStr(FIO.PrinterDevice,zeile)
END;
```

Window

Modul

Dieses Modul enthält alle Routinen, die das Verwalten von sich überlappenden Fenstern ermöglichen.
Jedem Prozeß kann ein eigenes Ausgabefenster zugeordnet werden (siehe *Use*).

Fenster verwalten:

`Change, Close, Hide, Info, Open, PaletteOpen, PutBeneath, PutOnTop, SetFrame, SetWrap, Top, Use, Used`

Fenster-Inhalt verändern:

`Clear, ClrEol, DelLine, DirectWrite, InsLine, RdBufferLn, WrBufferLn`

Cursor-Steuerung und -Abfrage:

`At, CursorOff, CursorOn, GotoXY, ObscuredAt, WhereX, WhereY`

Verändern von Farben:

`PaletteColor, PaletteColorUsed, SetPalette, SetPaletteColor, SetTitle, TextBackground, TextColor`

Sonstige Routinen:

`ConvertCoords, SetProcessLocks, SnapShot`

Vordefinierte Konstanten:

```
CONST
  ScreenWidth=80;  (* Anzahl Zeichen *)
  ScreenDepth=25;  (* Anzahl Zeilen  *)
  PaletteSize=10;
  PaletteMax =PaletteSize-1;
  SingleFrame=FrameStr('┌─┐││└─┘') ;  (* einfacher Rahmen *)
  DoubleFrame=FrameStr('╔═╗║║╚═╝') ;  (* doppelter Rahmen *)
```

```
NormalPaletteColor=0;
FramePaletteColor =1;
FullScreenDef=WinDef(0,0,ScreenWidth-1,ScreenDepth-1,
  White,Black,TRUE,TRUE,FALSE,FALSE,'      ',Black,Black);
```

Vordefinierte Typen:

```
TYPE
  BufferPtr=POINTER TO ARRAY [0..ScreenWidth*ScreenDepth-1]
    OF CARDINAL;

  WinDescriptor=RECORD
    Guard        :CARDINAL;
    Next         :WinType;
    CursorChain  :WinType;
    WDef         :WinDef;
    XA,YA,XB,YB  :AbsCoord;
    OWidth,ODepth:CARDINAL;
    Width, Depth :CARDINAL;
    Title        :POINTER TO TitleStr;
    TMode        :TitleMode;
    CurrentX,
    CurrentY     :RelCoord;
    IsPalette    :BOOLEAN;
    PalAttr      :ARRAY PaletteRange OF SHORTCARD;
    CurPalColor  :PaletteRange;
    Buffer       :BufferPtr;
    UserRecord   :ADDRESS;
  END;

  WinType =POINTER TO WinDescriptor;
  RelCoord=CARDINAL;  (* (1,1) entspricht Ecke links oben *)
  AbsCoord=CARDINAL;  (* (0,0) entspricht Ecke links oben *)

  Color   =(Black,    Blue,         Green,      Cyan,
            Red,      Magenta,      Brown,      LightGray,
            DarkGray, LightBlue,    LightGreen, LightCyan,
            LightRed, LightMagenta, Yellow,     White);

  PaletteRange=SHORTCARD[0..PaletteMax];
  TitleStr    =ARRAY [0..ScreenWidth-1] OF CHAR;
  FrameStr    =ARRAY [0..8] OF CHAR;

  WinDef=RECORD
    X1,Y1,                   (* Ecke links oben     *)
    X2,Y2       :AbsCoord;   (* Ecke rechts unten   *)
    Foreground,              (* Vordergrund-Farbe   *)
    Background :Color;       (* Hintergrund-Farbe   *)
    CursorOn    :BOOLEAN;    (* Cursor sichtbar?    *)
    WrapOn      :BOOLEAN;    (* Zeilenumbruch?      *)
    Hidden      :BOOLEAN;    (* Fenster sichtbar?   *)
    FrameOn     :BOOLEAN;    (* Rahmen sichtbar?    *)
    FrameDef    :FrameStr;   (* Rahmen-Art          *)
    FrameFore,               (* Rahmen-Farbe        *)
    FrameBack   :Color;      (* Rahmen-Hintergrund *)
  END;

  TitleMode=(NoTitle,
    LeftUpperTitle,CenterUpperTitle,RightUpperTitle,
    LeftLowerTitle,CenterLowerTitle,RightLowerTitle);

  PaletteColorDef=RECORD Fore,Back:Color END;
  PaletteDef     =ARRAY PaletteRange OF PaletteColorDef;
```

Vordefinierte Variable:

```
VAR
  FullScreen:WinType;  (* Hintergrund-, Hauptfenster *)
```

WITH . DO

Reserviertes Wort

Verkürzt lange Anweisungen, die bei der Verwendung von *RECORD*-Typen entstehen können.

```
TYPE
  loc=RECORD
    x,y:CARDINAL
  END;
  circle=RECORD
    m:loc;
    rad:CARDINAL
  END;
VAR
  kreis:circle;
BEGIN
  kreis.rad:=50;
  kreis.m.x:=100; kreis.m.y:=50;

  WITH kreis DO
    rad:=50;
    WITH m DO
      x:=100; y:=50
    END
  END;
```

Wie im obigen Beispiel gezeigt wird, kann im *WITH*-Block auf die Angabe der *RECORD*-Variablen verzichtet werden.

WORD

Datentyp

Einer Variablen dieses Universal-Typs kann eine beliebige andere Variable zugeordnet werden, die 2 Bytes (1 Wort) umfaßt (*BITSET*, *INTEGER*, *CARDINAL*, *SHORT-ADDR*).

WordFill

Lib, AsmLib

WordFill(was:ADDRESS; anz:CARDINAL; wert:WORD);

Initialisiert den Speicherbereich an der Adresse *was* mit dem Wert *wert*. Insgesamt werden *anz* Worte (1 Wort=2 Bytes) geschrieben (siehe auch *Fill*).

```
VAR
  lang:ARRAY [1..1000] OF CHAR;
BEGIN
  WordFill(ADR(lang),500,0);  (* initialiesiert <lang> *)
```

WordMove

Lib, AsmLib

WordMove(quelle,ziel:ADDRESS; anz:CARDINAL);

Kopiert direkt im Speicher *anz* Worte (1 Wort=2 Bytes) von *quelle* nach *ziel* (siehe auch *Move*).

```
VAR
  c:ARRAY [1..10] OF CHAR;
  i:ARRAY [1..5] OF INTEGER;
BEGIN
  WordMove(ADR(c),ADR(i),5);  (* kopiert 10 Bytes *)
```

Wr<typ> FIO

WrBool(f:File; x:BOOLEAN; len:INTEGER);
WrCard(f:File; x:CARDINAL; len:INTEGER);
WrChar(f:File; x:CHAR);
WrHex(f:File; x:CARDINAL; len:INTEGER);
WrInt(f:File; x:INTEGER; len:INTEGER);
WrLngCard(f:File; x:LONGCARD; len:INTEGER);
WrLngHex(f:File; x:LONGCARD; len:INTEGER);
WrLngInt(f:File; x:LONGINT; len:INTEGER);
WrLngReal(f:File; x:LONGREAL; k:CARDINAL; len:INTEGER);
WrReal(f:File; x:REAL; k:CARDINAL; len:INTEGER);
WrShtCard(f:File; x:SHORTCARD; len:INTEGER);
WrShtHex(f:File; x:SHORTCARD; len:INTEGER);
WrShtInt(f:File; x:SHORTINT; len:INTEGER);

Schreibt den Wert *x* in die Datei *f*. Zahlenwerte werden zuvor in Zeichenketten umgewandelt und als solche geschrieben. *ABS(len)* bezeichnet die Zeichenlänge des Feldes, in das der Wert *x* geschrieben werden soll. Falls *len* einen negativen Wert enthält, wird *x* linksbündig ausgerichtet, andernfalls rechtsbündig. Der Parameter *k* (bei *WrLngReal* und *WrReal*) bezeichnet die Anzahl der auszugebenden Kommastellen.
Die Variable *FIO.Eng* legt fest, ob reelle Zahlen in technisch-wissenschaftlicher Schreibweise dargestellt werden sollen (Standard-Wert ist *FALSE*). Enthält *FIO.Eng* den Wert *TRUE*, werden reelle Zahlen so umgeformt, daß der Exponent immer ein Vielfaches von 3 ist.
Mit Hilfe der Konstanten *FIO.PrinterDevice* (=5; vordefinierte Datei- oder Kanalnummer) kann die Ausgabe zum Drucker (LPT1:) geschickt werden:

```
WrInt(PrinterDevice,234,5);  (* Druckerausgabe *)

Create(f,'TEST.TXT');
WrInt(f,234,5);              (* Dateiausgabe   *)
```

Falls die Länge von *x* größer ist als *len*, wird das Ausgabe-Feld automatisch erweitert (nur wenn *FIO.ChopOff= TRUE*, entspricht Standard). Enthält die Variable *FIO. ChopOff* hingegen den Wert *FALSE*, wird bei zu kleinem Feld *len* Mal ein Fragezeichen (*'?'*) ausgegeben.

Wr<typ> IO

WrBool(x:BOOLEAN; len:INTEGER);
WrCard(x:CARDINAL; len:INTEGER);
WrChar(x:CHAR);
WrHex(x:CARDINAL; len:INTEGER);
WrInt(x:INTEGER; len:INTEGER);
WrLngCard(x:LONGCARD; len:INTEGER);
WrLngHex(x:LONGCARD; len:INTEGER);
WrLngInt(x:LONGINT; len:INTEGER);
WrLngReal(x:LONGREAL; k:CARDINAL; len:INTEGER);
WrReal(x:REAL; k:CARDINAL; len:INTEGER);
WrShtCard(x:SHORTCARD; len:INTEGER);
WrShtHex(x:SHORTCARD; len:INTEGER);
WrShtInt(x:SHORTINT; len:INTEGER);

Schreibt den Wert *x* in den Bildschirm (Standard-Ausgabegerät). *ABS(len)* bezeichnet die Zeichenlänge des Feldes, in das der Wert *x* geschrieben werden soll. Falls *len* einen negativen Wert enthält, wird *x* linksbündig ausge-

richtet, andernfalls rechtsbündig. Der Parameter *k* (bei *WrLngReal* und *WrReal*) bezeichnet die Anzahl der auszugebenden Kommastellen.
Die Variable *IO.Eng* legt fest, ob reelle Zahlen in technisch-wissenschaftlicher Schreibweise dargestellt werden sollen (Standard-Wert ist *FALSE*). Enthält *IO.Eng* den Wert *TRUE*, werden reelle Zahlen so umgeformt, daß der Exponent immer ein Vielfaches von 3 ist.

```
WrBool(1<>2,6);   (* Ausgabe: '  TRUE' *)
WrHex(41394,-6);  (* Ausgabe: 'A1B2  ' *)
```

Falls die Länge von *x* größer ist als *len*, wird das Ausgabe-Feld automatisch erweitert (nur wenn *IO.ChopOff=TRUE*, entspricht Standard). Enthält die Variable *IO.ChopOff* hingegen den Wert *FALSE*, wird bei zu kleinem Feld *len* Mal ein Fragezeichen ('?') aufgegeben.
Wird der Variablen *IO.RdLnOnWr* der Wert *TRUE* zugewiesen (*FALSE* ist Standard), löscht jeder Aufruf einer Schreib-Prozedur *Wr<typ>* den Eingabe-Puffer (siehe auch *RdLn*).
Mit der Prozedur *RedirectOutput* kann die Ausgabe umgeleitet werden.

WrBin FIO

WrBin(f:File; pu:ARRAY OF BYTE; anz:CARDINAL);

Schreibt *anz* untypisierte Bytes der Puffervariablen *pu* in die Datei *f* (siehe auch *RdBin*; für Druckerausgabe siehe *FIO.Wr<typ>*).

WrBufferLn Window

WrBufferLn(w:WinType; x,y:RelCoord; woher:ADDRESS; len:CARDINAL);

Schreibt den Inhalt der Variablen (*len* Worte), die bei *woher* beginnt, in das Fenster *w*; das erste Zeichen kommt dabei auf dem Punkt *(x,y)* zu liegen (bei Bildschirmstörungen siehe *AsmLib.InitScreenType*). Bitte beachten Sie, daß ein einzelnes Zeichen, das hier in den Bildschirm geschrieben wird, aus 2 Bytes (Zeichen und Farb-Attribut) besteht. Weitere Informationen erhalten Sie bei *RdBufferLn*.

WrCharRep FIO

WrCharRep(f:File; ch:CHAR; anz:CARDINAL);

Schreibt das Zeichen *ch anz* Mal in die Datei *f* (für Druckerausgabe siehe *FIO.Wr<typ>*).

WrCharRep IO

WrCharRep(ch:CHAR; anz:CARDINAL);

Schreibt das Zeichen *ch anz* Mal auf den Bildschirm (siehe auch *RedirectOutput*).

WrLn FIO

WrLn(f:File);

Schreibt einen Zeilenumbruch (*CR* und *LF*, entspricht *CHR(13)* und *CHR(10)*) in die Datei *f* (für Druckerausgabe siehe *Wr<typ>* des Moduls *FIO*).

WrLn IO

WrLn;

Setzt den Bildschirm-Cursor an den Anfang einer neuen Zeile.

WrStr FIO

WrStr(f:File; s:ARRAY OF CHAR);

Schreibt die Zeichenkette *s* in die Datei *f* (für Druckerausgabe siehe *FIO.Wr<typ>*).

WrStr IO

WrStr(S:ARRAY OF CHAR);

Schreibt die Zeichenkette *s* auf den Bildschirm (siehe auch *RedirectOutput*).

WrStrAdj FIO

WrStrAdj(f:File; s:ARRAY OF CHAR; len:INTEGER);

Schreibt die Zeichenkette *s* in die Datei *f*, wobei der Text in ein Feld mit der Länge *ABS(len)* geschrieben wird. Bei einem negativen Wert *len* erfolgt die Ausrichtung linksbündig, andernfalls rechtsbündig (für Druckerausgabe siehe *FIO.Wr<typ>*).
Falls die Länge der Zeichenkette *s* größer ist als *len*, wird das Ausgabe-Feld automatisch erweitert (nur wenn *FIO. ChopOff=TRUE*, entspricht Standard). Enthält die Variable *FIO.ChopOff* den Wert *FALSE*, wird bei zu kleinem Feld *len* Mal ein Fragezeichen ('?') ausgegeben.

WrStrAdj IO

WrStrAdj(s:ARRAY OF CHAR; len:INTEGER);

Schreibt die Zeichenkette *s* in den Bildschirm (siehe auch *RedirectOutput*). Weitere Angabe finden Sie bei *FIO.WrStrAdj* (wobei *FIO* immer durch *IO* zu ersetzen ist).
Wird der Variablen *IO.RdLnOnWr* der Wert *TRUE* zugewiesen (*FALSE* ist Standard), löscht jeder Aufruf von *WrStrAdj* den Eingabe-Puffer (siehe auch *RdLn*).

Anhang A
Compiler-Befehle und -Anweisungen

Compiler-Befehle und -Anweisungen teilen dem Compiler mit, wie er einen Maschinencode zu erzeugen hat. Meist handelt es sich hierbei um die Frage, ob Prüfroutinen in ein Programm eingebaut werden sollen (und somit aus Sicherheitsgründen auf maximale Geschwindigkeit zu verzichten ist) oder nicht.

Compiler-Befehle werden wie Kommentare geschrieben: Auf (* folgen ein Dollarzeichen ($) und ein Großbuchstabe, der einen der Compiler-Befehle bezeichnet. Das letzte Zeichen, ein Plus (+), Minus (-) oder Gleich (=), zeigt an, ob die Eigenschaft eines Compiler-Befehls aktiviert (+) oder ausgeschaltet (-) werden soll; das Gleichheitszeichen (=) bringt den Compilerbefehl in den vorletzten Zustand.

```
(*$B-*)  (* B ausschalten                        *)
(*$R+*)  (* R aktivieren                         *)
(*$Q=*)  (* Q in ursprünglichen Zustand bringen *)
```

Es ist möglich, eine ganze Liste von Compiler-Befehlen anzugeben:

```
(*$S-,R+,I-,V-,O+*)
```

Bitte beachten Sie, daß vor und nach dem Dollarzeichen kein Leerzeichen geschrieben werden darf, da sonst der Compiler die gesetzten Befehle nicht mehr richtig erkennen würden.

Compiler-Anweisungen werden ebenfalls wie Kommentare geschrieben, jedoch nicht mit einem der Zeichen +, - oder = ein- oder ausgeschaltet. An ihre Stelle treten Zahlenwerte oder Namen, die gewisse Größe festlegen. Zu den Compiler-Anweisungen gehören die folgenden Buchstaben: C, D, M und S (für S existiert auch ein Compiler-Befehl).

Bitte beachten Sie, daß gewisse Compiler-Befehle auch mit Hilfe des Untermenüs *Options, Compiler* verändert werden können.

A - Alias-Bezeichnung

Voreinstellung *(*$A+*)*; mit der Zeichenfolge ::= kann einer Variablen ein neuer Name zugeordnet werden (es wird eine "Alias-Variable" erzeugt; siehe *CONST*); falls der Compiler-Befehl A bei einer Variablen-Deklaration desaktiviert ist, kann eine solche Variable nicht zugleich direkt und indirekt angesprochen werden.

B - Ctrl-Break erlauben

Voreinstellung *(*$B+*)*; falls aktiviert, kann ein Programm mit *Ctrl-Break* abgebrochen werden. Dieser Compiler-Schalter muß im Haupt-Programm (-Modul) stehen. Mit den beiden Prozeduren *EnableBreakCheck* und *DisableBreakCheck* kann die Ctrl-Break-Prüfung an beliebigen Stellen ein- und ausgeschaltet werden.

C - CPU-Register sichern

Voreinstellung *(*$C F0*)*; diese Compiler-Anweisung legt fest, welche Register bei einem Prozedur-Aufruf gesichert werden müssen, um sie beim Prozedur-Ende wieder restaurieren zu können. Die einzelnen CPU-Register werden wie folgt codiert (hexadezimale Werte):

```
AX=01  CX=02  DX=04  BX=08
DS=10  ES=20  SI=40  DI=80
```

Standardmäßig werden die Register DS, ES, SI und DI gesichert (daraus ergibt sich der Wert F0 (Hex-Wert; =10 +20+40+80)). Das BP-Register wird immer auf den Stack gebracht.

D - Datensegment-Name

Diese Compiler-Anweisung definiert den Namen des Segmentes neu, in das die globalen Variablen gelegt werden sollen (standardmäßig verwendet der Compiler den Namen des Haupt-Moduls).
Bei einer Änderung des Datensegment-Namens muß die Compiler-Anweisung **D** im Haupt-Modul oder im Definitions- und Implementations-Modul vor dem reservierten Wort *MODULE* stehen; außerdem muß der neue Name mit der Buchstabenfolge **D_** eingeleitet werden.

E - Variante Records

Voreinstellung *(*$E-*)*; falls aktiviert, werden die varianten Teile eines Records solange wie möglich in den CPU-Registern behalten, andernfalls sofort wieder in den Arbeits-Speicher kopiert (siehe auch Compiler-Befehl **W**).

F - Far-Aufruf

Voreinstellung *(*F*)*; eine mit diesem Compiler-Befehl markierte Prozedur wird als *far* definiert (weiter Sprung).

G - Modulangabe in externen Namen

Voreinstellung *(*$G+*)*; falls desaktiviert, werden den externen Namen keine Modul-Namen vorangestellt (kann zu Namenskonflikten führen).

H - Konstante Aggregate

Voreinstellung *(*$H-*)*; falls aktiviert, können konstante Aggregate (siehe *CONST*) wie initialisierte Variablen verwendet werden.

I - Index-Prüfung

Voreinstellung *(*$I-*)*; im aktivierten Zustand werden alle Indizes von Arrays geprüft und das Programm durch einen Laufzeit-Fehler abgebrochen, wenn ein Index einen unzulässigen Wert aufweist.

J - Interrupt-Prozeduren

Voreinstellung *(*$J-*)*; wenn für eine Routine *(*$J+*)* gilt, wird sie mit dem Befehl IRET (Assembler-Befehl) verlassen; somit läßt sie sich als Interrupt-Routine verwenden (viele Anwendungen lassen sich jedoch mit *IOTRANSFER* verwirklichen, so daß dieser Compiler-Befehl kaum zur Anwendung kommt).

K - Aufruf-Konvention von C

Voreinstellung *(*$K-*)*; die Programmiersprache C geht mit den Parametern von Prozeduren und Funktionen anders um als Modula-2 (oder Pascal). Mit dem Compiler-Befehl **K** kann jedoch diese Umgangsform angenommen werden (nötig, wenn C- und Modula-Programme zusammengelinkt werden).

M - Codesegment-Name

Diese Compiler-Anweisung definiert den Namen des Segmentes neu, in das der Programm-Code geschrieben wird (standardmäßig verwendet der Compiler den Namen des aktuellen Moduls; jedes Modul erhält sein eigenes Code-Segment, das eine Größe von 64 KBytes nicht überschreiten darf).
Bei einer Änderung des Codesegment-Namens muß die Compiler-Anweisung M vor dem reservierten Wort *MODULE* stehen; außerdem muß der neue Name mit der Zeichenfolge C_ eingeleitet werden.

N - Near-Aufruf

Voreinstellung *(*F*)*, siehe Compiler-Befehl **F**; eine mit diesem Compiler-Befehl markierte Prozedur wird als *near* definiert, d.h. sie kann nur innerhalb eines einzigen Segmentes (64 KBytes) aufgerufen werden.

O - Überlauf-Prüfung (ganze Zahlen)

Voreinstellung *(*$O-*)*; wenn aktiviert, werden arithmetische Überläufe bei ganzen Zahlen durch einen Laufzeit-Fehler signalisiert (für reelle Zahlen siehe *FloatExc*).

P - Generieren externer Namen

Voreinstellung *(*$P-*)*; falls dieser Compiler-Befehl aktiviert wird, werden für lokale Prozeduren (sie sind beispielsweise innerhalb von Prozeduren definiert) externe Namen erzeugt. Diese Namenserweiterung kann einerseits das Arbeiten mit einem Debugger erleichtern, andererseits aber auch zu Namenskonflikten führen (mehrere identische Prozedur-Namen).

Q - Tracing von Prozeduren

Voreinstellung *(*$Q-*)*; alle Routinen, für die der Compiler-Befehl *(*$Q+*)* gilt, werden speziell behandelt, sobald das Modul *ProcTrace* importiert wird (siehe *Install*).

R - Teilbereichs-Prüfung

Voreinstellung *(*$R-*)*; bei aktivierter Schalterstellung wird ein Programm durch einem Laufzeit-Fehler unterbrochen, wenn versucht wird, einer Variablen einen ganzzahligen Wert zuzuordnen, der nicht im definierten Bereich liegt.

S - Stackgröße

Voreinstellung *($S 4000*)*; ermöglicht die Festlegung der Stackgröße (in Bytes; 16 KBytes entspricht Standard) und muß im Hauptmodul stehen. Folgende Compiler-Anweisung definiert einen Stack von 32 KBytes:

```
(*$S 8000*) (* 32 KBytes, denn 8000 ist Hex-Wert *)
```

Der Stack kann eine Größe von FFFF Bytes (65'535 Bytes) nicht übersteigen. Bitte beachten Sie, daß TopSpeed Modula-2 auch den Compiler-Befehl mit dem Buchstaben S kennt (siehe folgende Beschreibung).

S - Stacküberlauf-Prüfung

Voreinstellung *(*$S-*)*; bei aktiver Schalterstellung wird ein Laufzeitfehler gemeldet, wenn versucht wird, auf dem vollen Stack weitere Werte abzulegen. Der Stack enthält Rücksprung-Adressen von Prozeduren, lokale Variablen und Prozedur-Parameter (siehe auch Compiler-Anweisung S (Stackgröße)). Die Standard-Größe des Stacks beträgt 16 KBytes.

V - Kopieren von offenen Arrays

Voreinstellung *(*$V+*)*; offene Arrays werden normalerweise auf den Stack kopiert, wenn es sich nicht um VAR-Parameter handelt. Bei der Desaktivierung des Compiler-Befehls V bleibt dieser einleitende Kopiervorgang beim Prozedur-Eintritt aus, so daß innerhalb der Prozedur direkt auf die Originaldaten zugegriffen wird (keine guter Programmier-Stil, da der gleiche Effekt mit dem Voranstellen des reservierten Wortes *VAR* erreicht werden kann).

```
MODULE test;
IMPORT IO;
(*$V-*) (* Kopieren von offenen Array ausschalten *)

  PROCEDURE upper(s:ARRAY OF CHAR);
  VAR
    i:CARDINAL;
  BEGIN
    FOR i:=0 TO HIGH(s) DO
      s[i]:=CAP(s[i]) (* Original-Daten verändern *)
    END
  END upper;
```

```
VAR
  txt:ARRAY [0..255] OF CHAR;
BEGIN
  txt:="Grüß Gott, wie geht's denn immer?";
  upper(txt);    (* wandelt in Groß-Buchstaben um *)
  IO.WrStr(txt)  (* <txt> nun in Groß-Schreibung *)
END test.
```

W - Volatile Variablen

Voreinstellung *(*$W-*)*; TopSpeed Modula-2 versucht, eine Variable solange wie möglich in einem CPU-Register zu halten. Ist dies nicht erwünscht, kann mit dem Compiler-Befehl *(*$W+*)* der Compiler gezwungen werden, eine Variable sofort wieder in den Arbeits-Speicher zu schreiben (Variablen werden volatil (flüchtig) gemacht). Alle globalen Variablen, die zur Kommunikation zwischen parallelen Prozessen eingesetzt werden, sollten volatil sein; ebenso ist es beim Einsatz eines Sourcecode-Debuggers empfehlenswert, mit volantilen Variablen zu arbeiten (da auf diese Weise jederzeit die aktuellen Variablen-Inhalte angezeigt werden).

X - Stack-Erweiterung für 8087

Voreinstellung *(*$X-*)*; bei einer tiefen Verschachtelung von mathematischen Routinen kann der Stack des Coprozessors 8087 überfordert sein. Bei aktiviertem Compiler-Befehl X wird in diesem Fall auf den Haupt-Stack (siehe auch Compiler-Anweisung S) ausgewichen.

Y - Identische variante Teile

Voreinstellung *(*$Y-*)*; falls aktiviert, können variante Teile eines Records dieselben Namen haben. Zu beachten ist jedoch, daß diese Namen identische Daten-Typen und gleiche Offset-Adressen aufweisen (siehe Funktion *Ofs*).

Z - Zeiger-Prüfung

Voreinstellung *(*$Z-*)*; im aktivierten Zustand wird ein Laufzeit-Fehler erzeugt, wenn auf den Inhalt einer Zeigervariablen zugegriffen werden soll, obwohl diese den Wert *NIL* enthält (und somit auf "nichts" zeigt).

Anhang B
Übersicht der Begriffe

An dieser Stelle werden alle zusammengehörigen Routinen und Bezeichner zusammengefaßt. Jeden hier aufgeführte Begriff finden Sie in diesem Buch beschrieben.

Reservierte Wörter

ARRAY, BEGIN, CASE, CONST, DEFINITION, END, EXIT, EXPORT, FOR, FORWARD, FROM . IMPORT, GOTO, IF . THEN . ELSIF . ELSE, IMPLEMENTATION, IMPORT, LABEL, LOOP . END, MODULE, POINTER, PROCEDURE, QUALIFIED, RECORD, REPEAT . UNTIL, RETURN, SET OF, TYPE, VAR, WHILE, WITH

Datentypen

ADDRESS, BITSET, BOOLEAN, BYTE, CARDINAL, CHAR, CHARSET, INTEGER, LONGCARD, LONGINT, LONGREAL, LONGWORD, PROC, REAL, SHORTADDR, SHORTCARD, SHORTINT, WORD

Operatoren

AND, DIV, IN, MOD, NOT, OR (XOR siehe OR)

Standard-Routinen

ABS, ADR, CAP, CHR, DEC, DISPOSE, EXCL, FLOAT, HALT, HIGH, INC, INCL, MAX, MIN, NEW, ODD, ORD, SIZE, TRUNC, VAL, VSIZE

Standard-Konstanten

FALSE, NIL, NULLPROC, TRUE

Moduln

AsmLib, FIO, FloatExc, Graph, IO, Lib, MATHLIB, Process, ProcTrace, Storage, Str, SYSTEM, Window

Modul AsmLib

ActivePage, BufferToScreen, BufferWrite, CompareStr, DosExec, GetInProgramFlag, InitScreenType, PalXlat, ScreenToBuffer, SetInProgramFlag, SetVideoPage, Speaker

Modul FIO

Append, AssignBuffer, ChDir, Close, Create, Erase, Exists, GetDir, GetPos, IOresult, MkDir, Open, Rd<typ>, RdBin, RdItem, RdStr, ReadFirstEntry, ReadNextEntry, Rename, RmDir, Seek, Size, Truncate, Wr<typ>, WrBin, WrCharRep, WrLn, WrStr, WrStrAdj

Modul FloatExc

DisableExceptionHandling, EnableExceptionHandling

Modul Graph

Circle, Disc, Ellipse, GraphMode, HLine, Init<karte>, Line, Plot, Point, Polygon, TextMode

Modul IO

EndOfRd, KeyPressed, Rd<typ>, RdItem, RdKey, RdLn, RdStr, RedirectInput, RedirectOutput, Wr<typ>, WrCharRep, WrLn, WrStr, WrStrAdj

Modul Lib

AddAddr, Compare, DecAddr, Delay, DisableBreakCheck, Dos, EnableBreakCheck, Environment, Execute, FatalError, Fill, HashString, HSort, IncAddr, Intr, LongJmp, MathError, MathError2, Move, NoSound, ParamCount, ParamStr, QSort, RAND, RANDOM, RANDOMIZE, ScanL, ScanNeL, ScanNeR, ScanR, SetJmp, SetReturnCode, Sound, SubAddr, Terminate, UserBreak, WordFill, WordMove

Modul MATHLIB

ACos, ASin, ATan, ATan2, BcdToLong, ClearExceptions, Cos, CosH, Exp, LoadControlWord, Log, Log10, LongToBcd, Mod, Pow, Rexp, Sin, SinH, Sqrt, StoreControlWord, StoreEnvironment, Tan, TanH

Modul Process

Awaited, Delay, Init, Lock, Notify, SEND, StartProcess, StartScheduler, StopScheduler, Unlock, WAIT

Modul ProcTrace

Check, Get_Name, GetCsIp, Install, Monitor

Modul Storage

ALLOCATE, Available, DEALLOCATE, HeapAllocate, HeapAvail, HeapChangeAlloc, HeapChangeSize, HeapDeallocate, HeapTotalAvail, MakeHeap

Modul Str

Append, Caps, CardToStr, Compare, Concat, Copy, Delete, FixRealToStr, Insert, IntToStr, Item, ItemS, Length, Match, Pos, RealToStr, Slice, StrToCard, StrToInt, StrToReal

Modul SYSTEM

CurrentPriority, CurrentProcess, DI, EI, GetFlags, In, InterruptRegisters, IOTRANSFER, Listen, NewPriority, NEWPROCESS, Ofs, Out, Seg, SetFlags, TRANSFER

Modul Window

At, Change, Clear, Close, ClrEol, ConvertCoords, CursorOff, CursorOn, DelLine, DirectWrite, GotoXY, Hide, Info, InsLine, ObscuredAt, Open, PaletteColor, PaletteColorUsed, PaletteOpen, PutBeneath, PutOnTop, RdBufferLn, SetFrame, SetPalette, SetPaletteColor, SetProcessLocks, SetTitle, SetWrap, SnapShot, TextBackground, TextColor, Top, Use, Used, WhereX, WhereY, WrBufferLn